KB265712

아이폰
업무활용기술
70

아이폰

업무활용기술

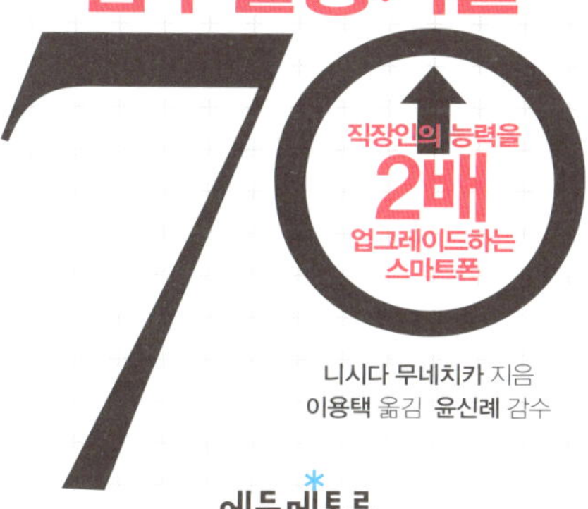

니시다 무네치카 지음
이용택 옮김 윤신례 감수

에듀멘토르

iPhone SHIGOTOJUTSU!

Copyright ⓒ 2010 Munechika Nishida, All rights reserved.

Original Japanese edition published in Japan by Asahi Shimbun Publications Inc., Japan.

Korean translation rights arranged with Asahi Shimbun Publications Inc., Japan

through Imprima Korea Agency.

이 책의 한국어판 저작권은 Imprima Korea Agency를 통해 Asahi Shimbun Publications Inc.과의 독점계약으로
에듀멘토르에 있습니다.

저작권법에 의해 한국 내에서 보호를 받는 저작물이므로 무단전재와 무단복제를 금합니다.

많은 사람들, 특히 IT를 좋아하는 사람들은 필자처럼 어렸을 적「도라에몽」이라는 만화를 좋아했을 것이다(필자는 지금도 변함없이 좋아한다).

누구나 꼭 한 번쯤은 '도라에몽의 비밀 도구 중에 어떤 물건이 가장 갖고 싶은지' 이야기해봤을 것이다. 친구들은 "타임머신!", "어디든지 문!" 하고 신나게 말했고, 어렸을 때부터 논리적인 아이였던 필자는 "도라에몽의 주머니!" 하고 대답했던 기억이 난다.

세월이 흘러 논리적인 아이는 논리적인 어른으로 말쑥하게 성장했지만 도라에몽도, 비밀 도구도 이 세상에는 없었다. 하지만 우리는 지금 많은 비밀 도구가 들어 있는 '4차원 주머니'와 비슷한 것을 손에 쥐고 있다. 바로 컴퓨터와 아이폰이다. 그 안에 실제 물건은 없지만, **막대한 정보와 아이디어를 저장해두었다가 비밀 도구처럼 끄집어내 우리의 손안에 쥐어 일상생활에까지 도움을 준다.**

특히 아이폰은 가장 강력한 '4차원 주머니'이다. 언제 어디서나 인터넷이라는 광대한 공간에서 여러 가지 정보와 도구를 불러낼 수 있기 때문이다.

"앞으로는 클라우드 컴퓨팅(crowd computing)의 시대이고, 아이폰이 그 선두주자이다."

요즘 이렇게 약간 어려운 말이 제법 귀에 들려온다. 쉽게 말하면, 인터넷을 단 4차원 주머니다.

진짜 대단한 것은 '도라에몽의 손'

어린 시절 이야기를 계속해보겠다. "도라에몽의 주머니!"라고 말한 필자에게 친구들은 다음과 같이 말했다.

"근데~, 진짜 대단한 건 도라에몽의 '손'이야."

지금도 생생히 기억하는 이 말은 너무나 함축적인 의미를 담고 있다.

많은 것들을 집어넣는 일은 쉽다. 그런데 필요할 때, 필요한 물건을 끄집어내는 일은 쉽지 않다. 아이폰이라는 '4차원 주머니'를 완벽히 활용하기 위해서는 자신의 손을 도라에몽의 손처럼 만들어야 한다. 아이폰을 사용하는 업무술은 이러한 발상에서 나왔다.

도라에몽의 손에 관해서 조금 더 이야기해보자. 도라에몽은 수많은 비밀 도구 중에서 필요한 물건만을 어떻게 그렇게 잘 끄집어냈을까? 주머니 안쪽 어디에 무엇이 들었는지 도라에몽은 완벽하게 파악하고 있었던 것일까? 손을 스윽 넣기만 하면 필요한 물건이 알아서 튀어나오는 것은 아닐 텐데…….

도라에몽의 공식 설정에 의하면 4차원 주머니 안은 '정리되어 있지 않고', 도라에몽도 '어디에 무엇이 있는지' 모른다. '지금 무엇을 꺼낼지조차도' 꺼내기 직전까지는 의식하지 못한다. 다시 말해 도라에몽이 손을 주머니에 넣은 순간, 손과 주머니는 나름대로 기능을 하며 '그 상황에서 노비타에게 필요한 도구'가 무엇인지 판단하고, 손으로 물건을 잡고 꺼낼 때 비로소 도라에몽이 '그 물건이 무엇이고, 어떤 역할을 할지 인식한다'는 구조이다.

➜ 필요할 때 필요한 정보를 볼 수 있는 것이 중요하다

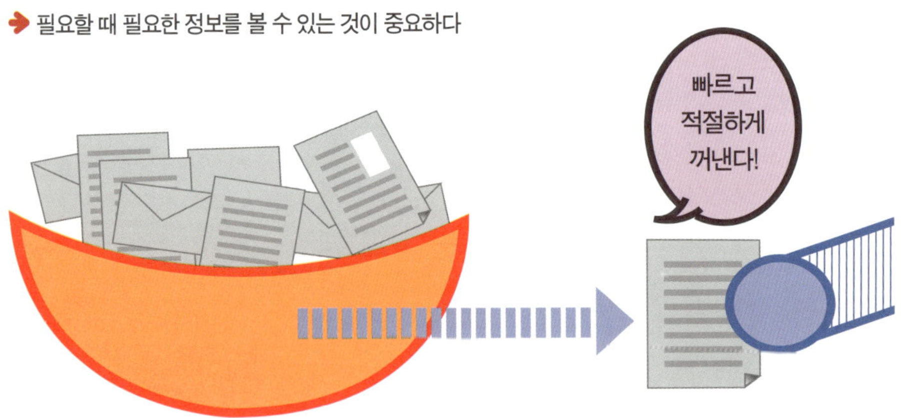

정보를 꼼꼼히 정리하지 않아도 필요한 정보를 신속·정확하게 끄집어낼 수 있어야 한다.

'그래서 어쨌다는 건가?' 하고 반문하실 독자들이 있을지도 모르겠다. 사실, 도라에몽의 일화는 업무술에서 매우 중요한 이야기이다.

업무술은 분류에서 시작한다. 날마다 손에 들어오는 정보와 업무를 분류하고 간단히 추려내는 데 힘을 쏟는다. 그런데 그것이 말처럼 쉽지만은 않다. 특히 필자처럼 타고난 덜렁이이자 게으름뱅이(즉, 노비타 같은)는 손에 들어온 정보를 열심히 분류한다고 하는데도 제대로 되지 않아서 좌절감을 느끼기도 한다.

그럼 어떻게 하면 큰 힘을 안 들이고도 업무를 제대로 분류할 수 있을까? 아니, 굳이 분류하지 말고 '도라에몽의 손' 상태로 정보를 활용하면 어떨까?

필자가 아이폰을 사용한 업무술 구축에 고심했던 것이 그 때문이었다. '게으름뱅이라도 필요할 때 필요한 정보만을 보려면 어떻게 해야 할까?'

이미 말했다시피 아이폰은 많은 정보를 다룬다. 아이폰 자체에 입력되어 저장된 정보는 물론이거니와 컴퓨터로 다룬 정보, 인터넷상의 정보 등, 온갖 정보가 들어 있는 '주머니'이다.

이것은 마법이 아니므로 그 주머니에 '정보를 넣는' 사람은 우리이다. 하지만 정보를 넣을 때 꼼꼼히 정리해서 넣은 것도 아닐뿐더러 꺼낼 때 복잡한 조작을 하게끔 만들어 놓았다. 주머니 관리에 오랜 시간을 들이지도 않았다. 그런 주머니에서 어떻게 하면 깔끔하면서 화려하게 정보를 꺼낼 수 있을까? 이것이 '아이폰 업무술'의 주제이다.

덧붙이면 도라에몽은 가끔 곤란한 일을 당해서 어쩔 줄 몰라 하면 도구를 잘못 꺼내는 일도 있는데, 당황하는 바람에 '적절한 물건을 꺼내는' 기능이 오작동했기 때문이라고 한다. 그런 실수까지 흉내 낼 필요는 없으니까 우리는 '당황해도, 신속·정확하게' 한다.

인터넷에 연결되어야 빛을 발하는 아이폰

필자는 10여 년 전부터 스케줄이나 주소를 종이에 적어 관리하지 않았다. 돌이켜보면 필자는 '도라에몽의 손'을 발견하기 위한 아이디어를 벌써 10년 이상 생각하고 있었던 것이다. 그러기 위해 얼마나 많은 상품을 사서 써봤는지 모른다.

사실, 지금 아이폰으로 할 수 있는 일은 기능적인 수준으로 보면 7~8년 전에 완성되어 있었다. 초기에는 전자수첩, 조금 지나자 PDA로 불린 디지털 기계를 사용하면 지금의 아이폰과 비슷한 일은 할 수 있었다. 하지만 돌이켜보면 사용이 꽤 불편했기에 '도라에몽의 손'과는 큰 차이가 났다. 그 때문에 널리 보급되지는 못했다.

그렇지만 아이폰은 다르다. 아이폰은 현재 전세계적으로 '단일 기종으로서는 가장 많이 팔린 휴대폰'이다.

대체 PDA 시대와 무엇이 달라졌을까?

그 배경이 되는 것이 '클라우드 컴퓨팅'의 발전이다.

클라우드 컴퓨팅이란 인터넷상에서 연결된 상태에 있는 모든 것을 최대한 활용한다는 것을 전제로 한 컴퓨터 이용 상태를 가리킨다. 뭔가 조금 어려운 이야기 같지만 사실은 아주 단순하다. 쉽게 말하면, **'기기 하나로는 할 수 없는 일, 성가신 일을 인터넷이 연결된 컴퓨터로 한다'**는 의미이다.

아이폰은 각종 넷서비스와 연계해 최대의 힘을 발휘한다. 이전의 디지털 도구가 '컴퓨터와 연결'돼 진가를 발휘했듯이, 아이폰은 '인터넷과 연결'됨으로써, 인터넷상의 데이터를 활용함으로써 생명력을 발휘한다. 아이폰은 단순히 컴퓨터와 연결될 뿐만 아니라 인터넷과 연결되어 인터넷 저편에 있는 수많은 컴퓨터의 도움을 받게 되는 것이다.

아이폰은 '휴대폰'이기 때문에 통신상의 연결이 기본이나. 게다가 기의 언제 어디서나 연결된다. 그 점이 단순히 '자신의 컴퓨터와 연결한다'는 것과 다른, 더 많은 자유와 높은 가치를 발생시킨다. 다른 관점에서 보면 아이폰은 진정한 의미에서 '컴퓨터와는 다른, 가지고 다니는 컴퓨터'이다.

이 책에서 소개하는 테크닉은 대부분 '인터넷'과 관련되어 있다. 휴대전화 네트워크와 무선 LAN을 활용하고 통신 기능을 사용하는 것을 전제로 한다.

이 책의 마지막에도 썼지만 아이폰에도 여러 가지 결점이 있다. 그러한 결점을 감안하더라도, **누구나 쉽게 클라우드 컴퓨팅 능력을 활용해서 사용할 수 있는 휴대폰이다.**

완성도와 보급률이 높고, 조작이 간편해 많은 사람이 쉽게 사용하고, 주변 기기 · 소프트웨어의 활용성이 많다.

그럼 지금부터 대단한 마술 주머니 아이폰의 활용 테크닉을 탐구하는 여행에 나서보자.

➡ '인터넷과 연결'되어 빛을 발하는 아이폰

contents

P·A·R·T·1
활용도 높은 메일, 캘린더, 일정 관리

contents

P·A·R·T·6

스트레스 없는 아이폰 이용법

활용도 높은 메일, 캘린더, 일정 관리

01 하나의 메일 주소로 정보 모으기

꼭 아이폰에만 해당되는 이야기가 아니다. 정보 정리의 기본은 정보 통합이고 이때 이메일을 활용하는 것이 가장 좋다. 그 이유는 단순한데, 요즘 많은 일이 이메일을 통해 이루어지기 때문이다. 업무 약속, 사적 모임, 업무 의뢰, 각종 정보 교환 등 많은 일들이 이메일로 처리된다.

필자의 경우에는 가만있어도 정보가 메일함에 차곡차곡 쌓인다. 취재 약속이나 기업의 보도자료가 전부 이메일로 들어오기 때문이다. 일에 관한 정보라면 그 중요도를 막론하고 모두 같은 방식으로 이메일에 보관된다.

이메일에 정보가 모이면 그 다음에 할 일은 간단하다. 자신에게 필요한 정보가 모두 메일함에 저장되어 있기 때문에 업무 약속, 중요한 뉴스 등을 메일함에서 꺼내기만 하면 된다.

정보를 깔끔하게 정리하는 것이 말처럼 쉽지 않다고 생각하는 사람도 있을 것이다. 하지만 그런 사람에게 '정보를 정리하려고 시도해본 적은 있는가?'라고 반문해보고 싶다.

가장 먼저 해야 할 일은 자신이 사용하는 메일 주소를 가급적 하나로 통합하는 것이다.

대다수 사람은 업무용 메일, 사적인 메일 등 용도에 따라 여러 개의 메일 주소를 사용하는 일이 많다.

필자가 대외적으로 공개하는 메일 주소는 기본적으로 명함에 새긴 메일 주소 하나뿐이다. 실제로는 통신 구매에 사용하는 메일과 블로그 등에서 불특정 다수에게 알려주는 메일도 있지만, 이는 특정한 용도로만 사용할 뿐 정보를 모으는 메인 메일로는 활용하지는 않는다.

메일 주소를 하나로 통합하면 정보 분산을 줄일 수 있다. 또 받은 메일 못지 않게 보낸 메일도 중요한 정보인데, 메일 주소를 하나로 합침으로써 이 모든 정보가 깔끔하게 정리되고 정보의 질이 좋아진다.

하지만 어떤 사람들은 이러한 필자의 말을 듣고 "회사 메일, 개인 메일, 포털 사이트 메일만으로도 벌써 세 개나 되는 걸요" 하고 불평하기도 한다. 필자가 메일 주소를 하나로 통합할 수 있었던 요인으로, 필자가 개인사업자이기 때문에 회사에서 부여되는 메일 주소가 없었다는 점도 분명히 큰 작용을 했다. 하지만 회사에 다닌다는 사실이 회사 외 다른 메일 주소 여러 개를 동시에 사용해야 하는 이유가 될 수는 없다.

아이폰을 활용해야 하는 이유가 여기서 드러난다.

아이폰은 메일을 통합해서 사용할 수 있기 때문에 적극 활용할 필요가 있다.

◆ 모든 정보가 이메일로 모인다

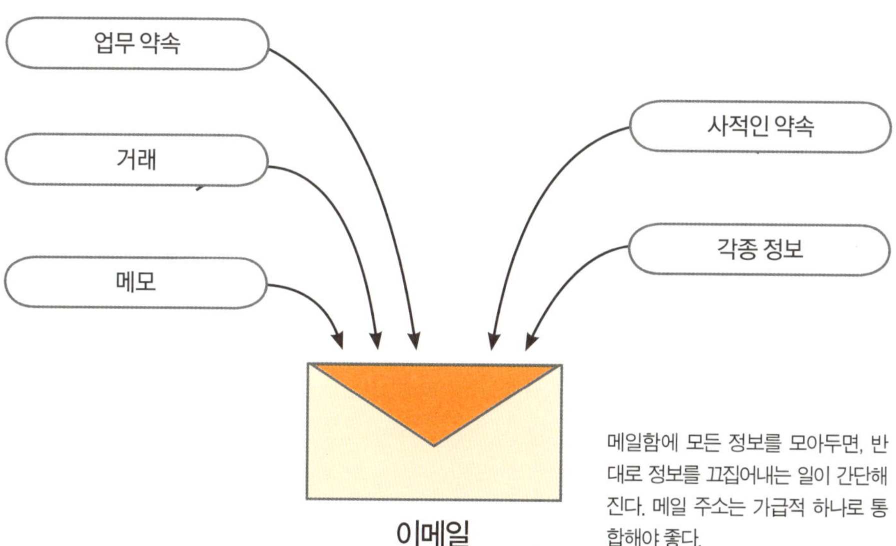

메일함에 모든 정보를 모아두면, 반대로 정보를 끄집어내는 일이 간단해진다. 메일 주소는 가급적 하나로 통합해야 좋다.

02 메시지 사용하지 않기

아이폰 화면에는 메일을 이용하기 위한 두 개의 아이콘이 있다.

그중 하나는 메시지로 많은 사람이 아이폰도 휴대폰이라는 이유로 메시지 사용을 당연하게 생각한다. 하지만 업무에는 가급적 메시지 사용을 자제하기를 권한다. 실제로 필자는 특별한 지인에게서 긴급 연락이 왔을 때를 제외하고는 사용한 적이 없다. 그 이유는 정보가 나뉘기 때문이다.

예를 들어 휴대폰 메일(일본에는 휴대폰에서만 사용하는 메일이 따로 있다)로 온 업무 연락을 휴대폰으로 답장 메일을 보냈다고 하자. 그 후 컴퓨터로 업무를 진행할 때 휴대폰으로 전송되어온 메일 내용이나 휴대폰에서 보낸 답장 메일 내용이 필요해지면 사람들은 당연히 내용을 확인하기 위해 휴대폰을 옆에 놓고 컴퓨터 모니터를 바라보며 일을 하게 된다. 이것은 너무나 비효율적이다. 이렇게 컴퓨터

18

➜ 메시지와 Mail
아이폰에 있는 메일 기능은 말풍선 아이콘의 메시지, 봉투 아이콘의 Mail이 있다.

용 메일과 휴대폰용 메일을 따로 사용할 때의 최대 단점은 메일 정보가 기기별로 분산된다는 데 있다. 휴대폰 메일은 바로 답장을 받을 수 있는 사적인 용도이며, 컴퓨터용 메일은 바로 답장을 확인할 순 없지만 업무용으로 적합하다는 이미지가 많이 남아 있다. 하지만 실제로 꼭 그렇지만은 않다. 그런 이미지는 컴퓨터용 메일을 그대로 사용할 수 있는 휴대폰이 드물었기 때문에 생겨난 편견일 뿐이다.

아이폰의 Mail 기능을 이용하면 컴퓨터용 메일도 바로 읽고 답장할 수 있다. 아이폰에서 계정을 추가로 설정하면 컴퓨터에서 사용하는 메일 주소로 메일을 읽고 쓸 수 있으므로 Mail을 메인으로 사용하는 사람도 많다.

필자는 아이폰에서 사용하는 메인 메일로 Gmail을 추천한다.

(Gmail 계정을 만드는 방법이나 사용법은 24페이지를 참조)

➜ 메일 주소를 컴퓨터와 휴대폰에서 따로 쓰면 불편하다

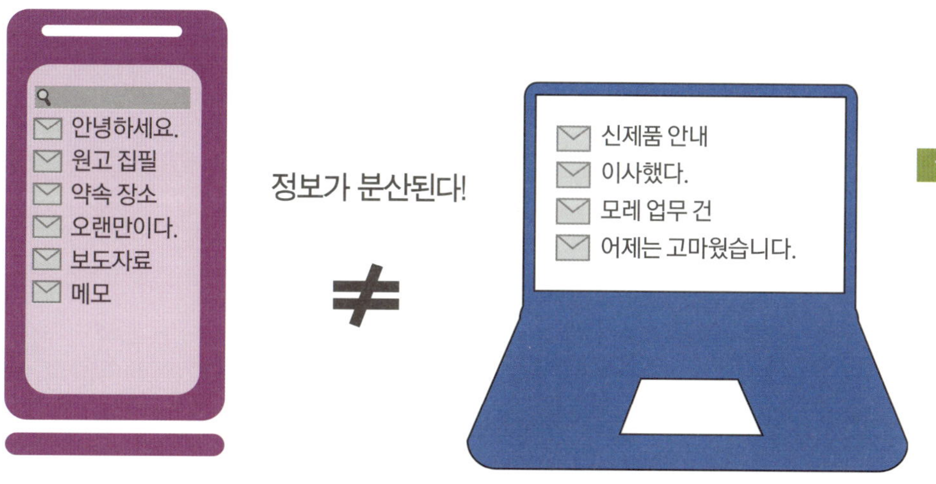

컴퓨터용 메일과 휴대폰용 메일을 병용하면 정보가 분산되어서 활용하기 불편하다.

03 차원이 다른 선택, Gmail 활용하기

아이폰에서 사용하는 메인 메일로 Gmail을 웹브라우저인 Safari에서 이용하자. Gmail은 검색 서비스로 유명한 구글(Google)이 운영하는 무료 메일 서비스이다. 웹브라우저를 통해 이용하는 이른바 웹메일 서비스인데, 다른 서비스와 차별화된 기능이 풍부하기 때문에 일단 쓰기 시작하면 다른 서비스로는 눈이 돌아가지 않을 만큼 매력적이다.

Gmail은 사전에 홈페이지(http://mail.google.com)에서 가입만 하면 아이폰의 Safari로 Gmail에 접속해서 사이트를 열어 이용할 수 있다.

Gmail의 가장 큰 매력은 대용량 메일을 온라인상에 보관할 수 있다는 점이다. 일반적으로 컴퓨터용 메일 서비스에서는 POP3라는 기술이 쓰인다. POP3는 메일 서버에 도착한 메일을 컴퓨터상의 메일 소프트웨어로 다운받아서 읽는 형식이다. 즉 메일의 본문 데이터는 항상 컴퓨터 안에 쌓인다. 받은 메일뿐 아니라 보낸 메일도 컴퓨터 안에 쌓인다. 이것은 아이폰의 Mail 기능에서도 그대로 사용하는 기본적인 개념이다.

그런데 이런 기능을 조금 냉정하게 생각해볼 필요가 있다.

컴퓨터 안에 메일이 쌓인다는 것은 반대로 메일이 쌓인 컴퓨터가 없다면 그 메일을 읽을 수 없다는 뜻이다. 컴퓨터를 하루 종일 가지고 다닌다면 모르겠지만 그렇지 못한 상황에서 메일 정보를 활용하기란 곤란할 것이다.

그렇다면 아이폰에 메일을 쌓아두면 되지 않을까? 사실 여기에도 문제가 있다. 아이폰 이외의 기기에서 쓴 메일은 아이폰 안에 쌓이지 않고, 아이폰 용량에도 한계가 있으므로 메일을 빠짐없이 저장하기 힘들다. 이러한 문제점을 해결한 것이 Gmail이다.

앞서 말했듯이 Gmail은 웹브라우저를 통해 이용하는 웹메일이다. 아이폰에서도 웹브라우저를 사용해서 접속하는 것이 기본이다(앞으로 이러한 방법을 웹 Gmail이라고 하겠다).

Gmail은 인터넷에 연결만 되어 있다면 언제 어디서나 똑같은 메일 데이터를 이용할 수 있다. 모든 받은 메일은 물론 첨부 파일과 자신이 보낸 메일까지 확인이 가능하다. 또 메일 내용뿐만 아니라 읽지 않은 메일에 관한 기록도 컴퓨터와 휴대폰에서 공유할 수 있다.

➡️ 아이폰의 Safari로 Gmail에 접속하기

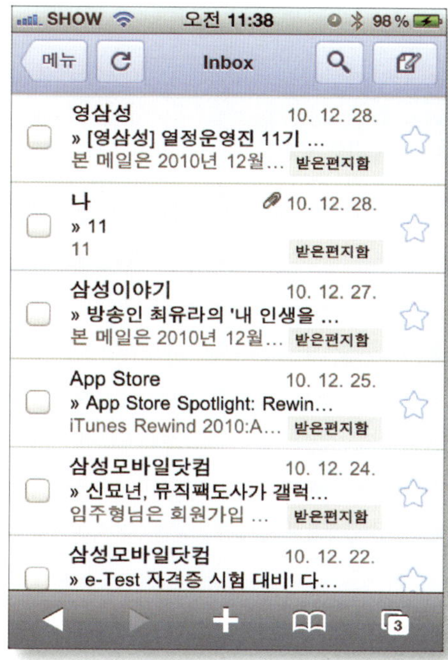

아이폰의 웹브라우저 Safari로 http://mail.google.com에 접속하면 Gmail 화면이 나온다. 아이폰 전용 화면이 준비되어 있으므로 조작하기 편하다.

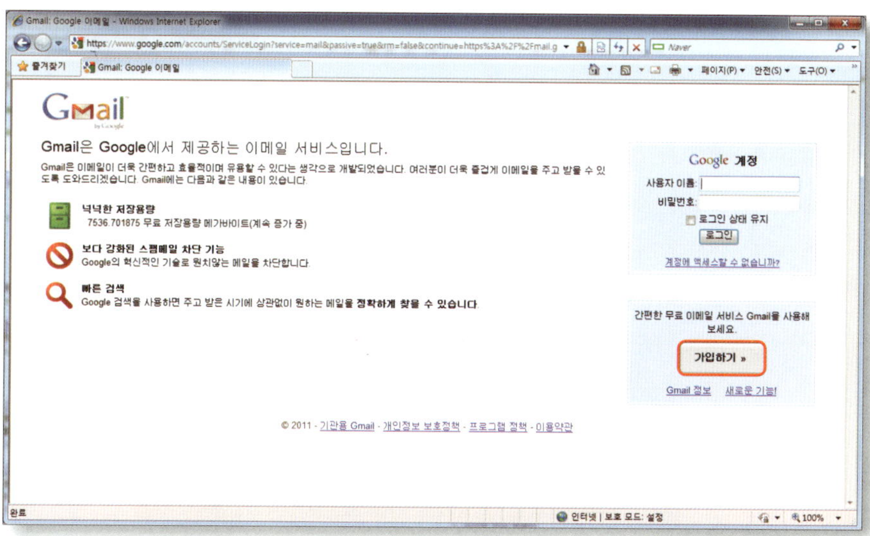

Gmail 계정을 컴퓨터에서 미리 만들어놓았다. Gmail 계정은 http://gmail.google.com에 접속해서 [가입하기] 단추를 클릭하여 만든다.

이러한 기능 덕분에 다음과 같이 편리하게 활용할 수 있다.

집이나 회사에서 컴퓨터로 작업할 때는 컴퓨터로 Gmail에 접속해 메일을 읽는다. 메일을 처리하는 도중에 자리를 옮겨도 문제가 없다. 아이폰을 사용해서 Gmail에 접속하면 작업을 계속 진행할 수 있기 때문이다. 아이폰으로 Gmail에 접속해보면 전에 읽고 있던 메일은 물론 모든 기록이 남아 있음을 알 수 있다.

뒤에서 자세히 설명하겠지만 아이폰에서는 웹브라우저가 아닌 다른 방법으로도 Gmail을 사용할 수 있다. 하지만 웹 Gmail을 사용하면 송수신할 때 이용한 메일 주소가 모두 기록되기 때문에 주소록이나 연락처 관리가 쉽다. 또 Gmail 이외에 다른 메일 주소를 메인으로 사용하는 사람이 송신 메일 주소를 메인 메일 주소로 변경하고 싶을 때, 웹 Gmail을 사용하면 편리하다(51페이지 참조).

➜ 지금까지의 메일 서비스는 컴퓨터에서만 읽을 수 있는 방식이었다

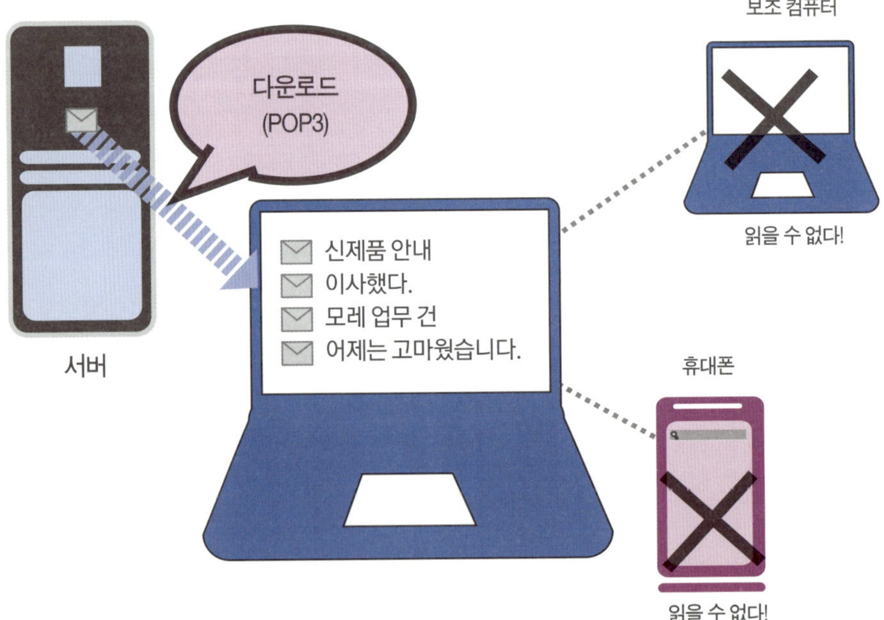

지금까지는 메일 내용을 컴퓨터 내 하드디스크에 다운받아 보는 것이 일반적이었고, 이런 방식으로는 컴퓨터 한 대에서밖에 메일을 읽을 수 없다는 단점이 있었다

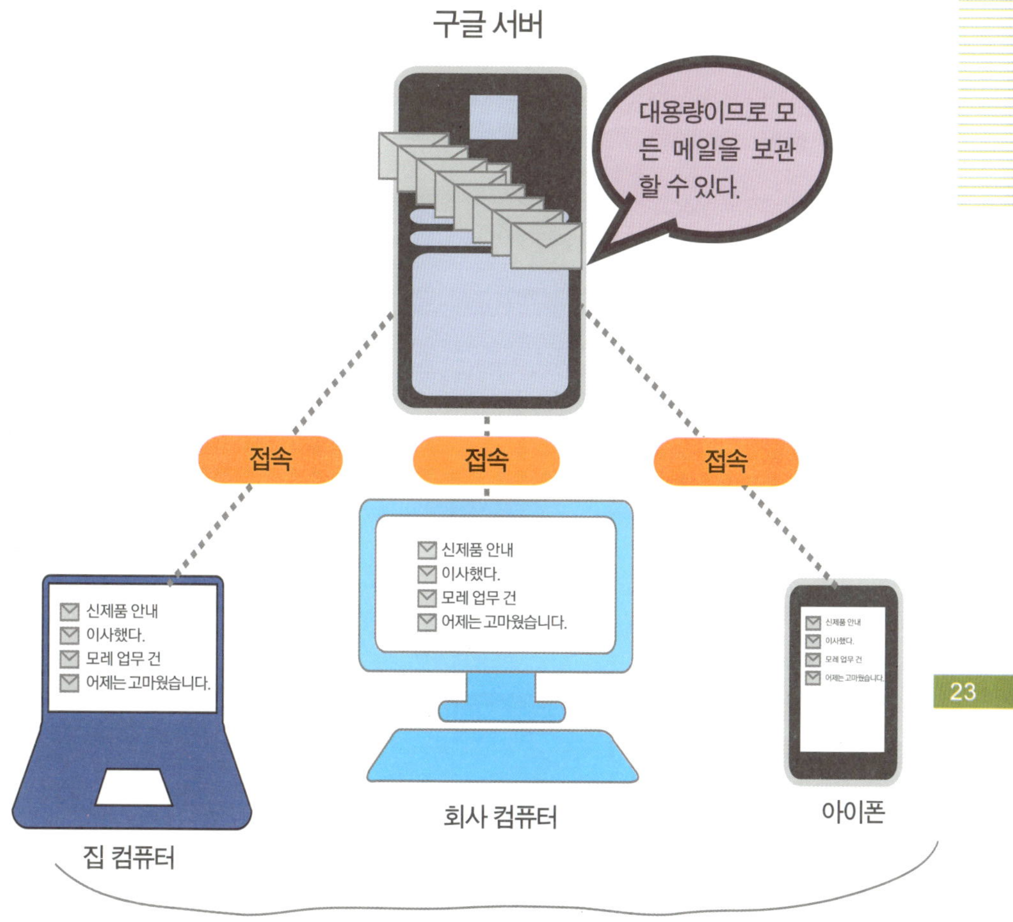

Gmail에서는 모든 메일이 구글 서버 내에 보관되므로, 인터넷에 연결되어 있다면 언제 어디서나 똑같은 메일 데이터를 볼 수 있다

Gmail 계정 만들기

Gmail을 사용하기 위해서는 컴퓨터에서 미리 계정을 만들어놓아야 한다. http://mail.google.com에 접속해서 [가입하기] 단추를 클릭하면 쉽게 만들 수 있다.

01 http://mail.google.com에 접속하여 다음과 같은 화면이 표시되면 [가입하기] 단추를 클릭한다.

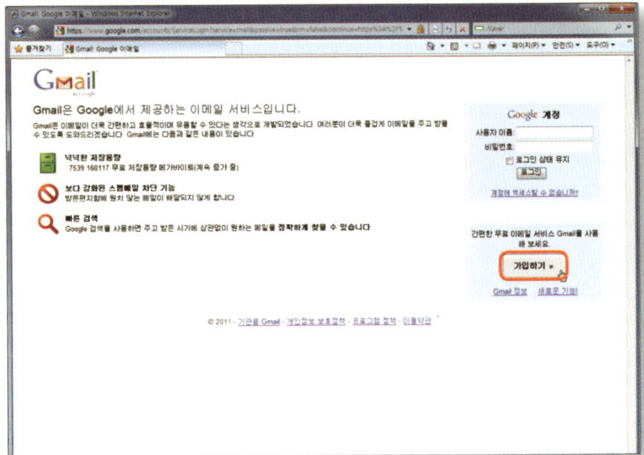

02 그림과 같이 [계정 만들기] 화면이 표시되면 각 내용을 모두 입력하고 [동의한다. 내 계정을 만들겠습니다.] 단추를 클릭한다. 자신이 입력한 로그인 이름은 사용 가능한지 꼭 확인해야 한다.

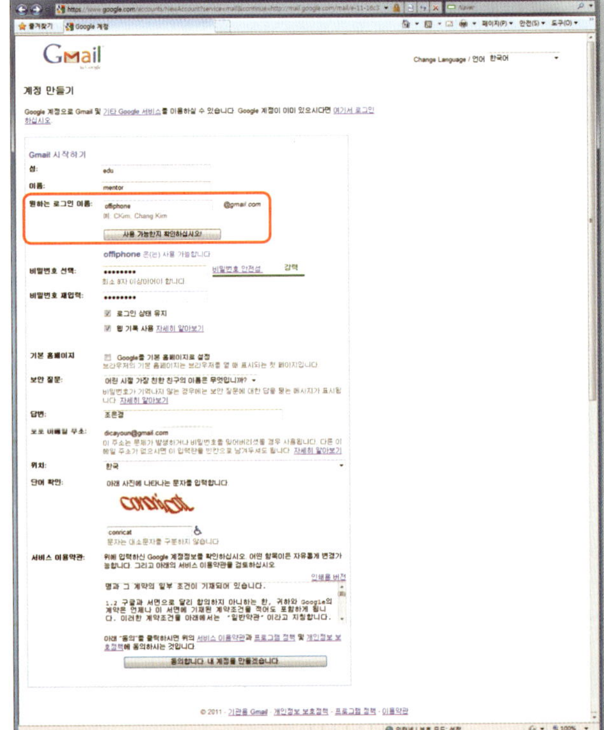

03 [축하한다.] 화면이 표시되면 계정이 만들어진 것이다. [내 계정으로 바로가기] 단추를 클릭하면 이제 Gmail을 사용할 수 있다.

04 Gmail이 처음 실행되면 다음과 같이 세 개의 메일이 와 있다. 이것은 구글에서 보낸 메일이다. 이제 마음껏 Gmail을 이용해보자.

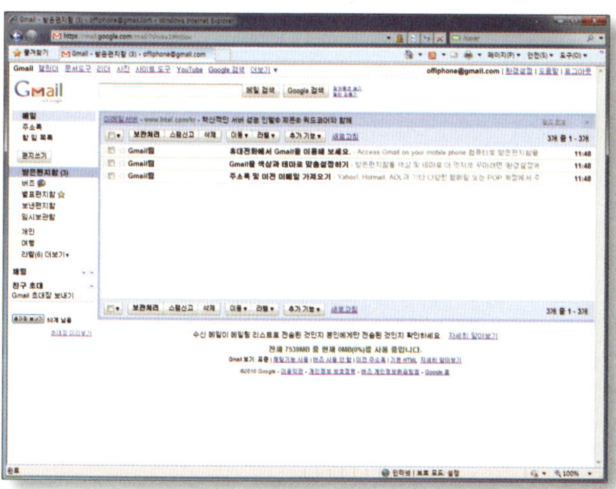

04 웹 Gmail은 영어판 사용하기

필자는 아이폰에서 '영어판 웹 Gmail'을 사용한다. 한국어판과 영어판의 차이는 단순한 언어의 차이가 아니다. 한국어판과 영어판은 **기능면·조작성에서 크게 다르고, 영어판이 한국어판보다 사용하기 편리하다.** 영어판에서도 메일 제목이나 본문을 한국어로 표시하고 검색하는 데 전혀 문제가 없고, 대부분의 조작을 아이콘으로 하므로 영어를 잘 모르는 사람도 쉽게 사용할 수 있다. 이 책에서는 영어판 웹 Gmail 사용을 권장하며, 영어판 웹 Gmail을 기준으로 설명하겠다.

영어판 웹 Gmail을 써야 하는 또 다른 큰 이유는 인터넷이 연결되지 않은 상황에서도 사용할 수 있기 때문이다.

Gmail은 웹메일이므로 모든 데이터는 인터넷상에 있다. 당연히 전파가 안 잡혀서 인터넷에 연결할 수 없는 곳에서는 메일을 사용할 수 없고, 정보도 볼 수 없다고 생각하기 십상이다. 그래서 웹 Gmail은 사용하기 불편하다고 생각하는 사람이 많다.

하지만 아이폰용 영어판 웹 Gmail은 웹메일임에도 불구하고 [인터넷에 연결되어 있지 않을 때]에도 제한적으로 정보를 볼 수 있다.

아이폰의 웹브라우저인 Safari는 최신 HTML5라는 기술을 이용한다. 이 기술은 웹브라우저의 정보를 단말기 안에 일시적으로 저장함으로써, 한 번 표시했던 정보라면 인터넷에 연결되어 있지 않아도 볼 수 있다.

영어판 웹 Gmail에서는 이 기능을 이용해 최근 본 송수신 메일 데이터를 아이폰 내에 보관한다.

집이나 회사에서 인터넷에 연결된 상태에서 최신 메일을 본 적이 있다면, 인터넷에 연결되어 있지 않을 때에도 마지막으로 접속했을 때까지 도착한 메일을 열어볼 수 있다.

➡ 간편하게 사용할 수 있는 영어판 웹 Gmail

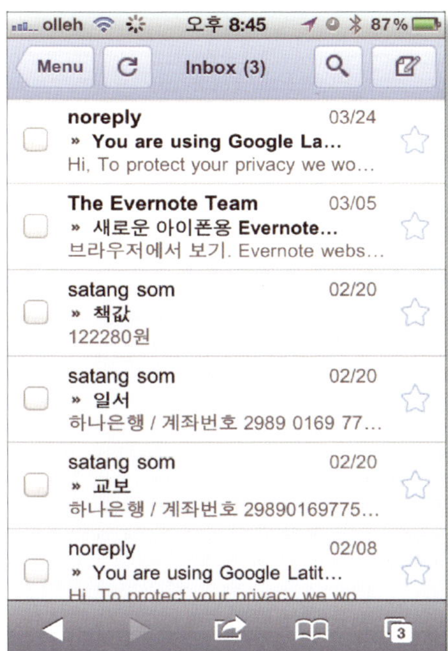

영어판 웹 Gmail은 아이폰 내에 메일 데이터를 어느 정도 저장해둔다.

➡ 한국어판 웹 Gmail

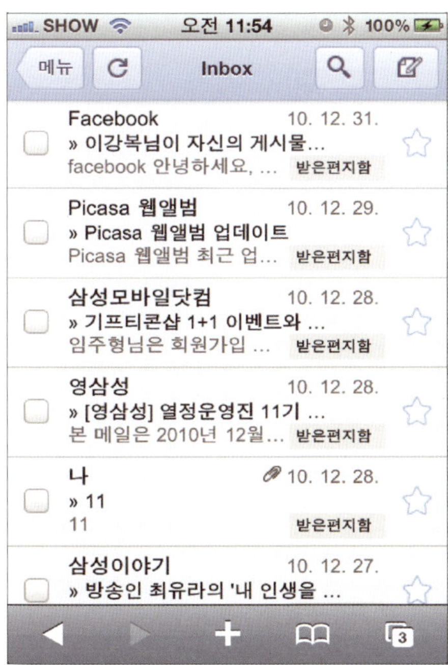

한국어판 웹 Gmail 화면

05 영어판 웹 Gmail 사용하기

여기서는 앞에서 설명한 영어판 웹 Gmail을 언제든지 사용할 수 있도록 설정하는 방법에 대해 알아본다. 아이폰에서 영어판 웹 Gmail을 사용할 수 있도록 설정한 다음에는 다시 컴퓨터를 통해 Gmail 언어를 한국어로 되돌려놓는다. 방금 전에 선택한 [English(US)]를 다시 [한국어]로 바꾸면 된다.

다만 영어판 웹 Gmail에는 한 가지 단점이 있다. 앞에서 설명했듯이 영어판 웹 Gmail은 인터넷이 없는 환경에서도 메일을 읽을 수 있도록 하기 위해서 일부 정보를 아이폰 내에 저장한다. 따라서 영어판의 통신량이 한국어판보다 많아질 수밖에 없고, 인터넷이 자주 끊기거나 통신 속도가 매우 느린 곳에서 영어판 웹 Gmail을 사용하면 메일을 표시할 때 한국어판보다 더 많은 시간이 걸린다. 일이 바쁠 때는 조금 초조함을 느낄 수도 있다.

자신이 조급한 성격이라고 생각하는 사람은 급할 때 편리하게 사용할 수 있도록 영어판과 함께 '한국어판 웹 Gmail'도 책갈피에 등록해두는 것이 좋다. 한국어판 웹 Gmail을 불러오려면 컴퓨터에서 Gmail의 언어 설정을 한국어로 되돌린 뒤에, 아이폰에서 [http://mail.google.com]으로 접속하면 된다.

영어판 웹 Gmail 사용할 수 있도록 설정하기

영어판 웹 Gmail을 사용하려면 컴퓨터에서 약간의 설정을 해야 한다. 어떻게 해야 하는지 알아보자.

01 우선 컴퓨터에서 Gmail에 로그인한 다음 화면 오른쪽 위에 있는 [환경설정]을 클릭한다. 표시되는 화면에서 [기본설정]을 선택하고, 가장 위에 있는 [언어]에서 [Gmail 표시언어]를 [한국어]에서 [English(US)]로 바꾸어준다.

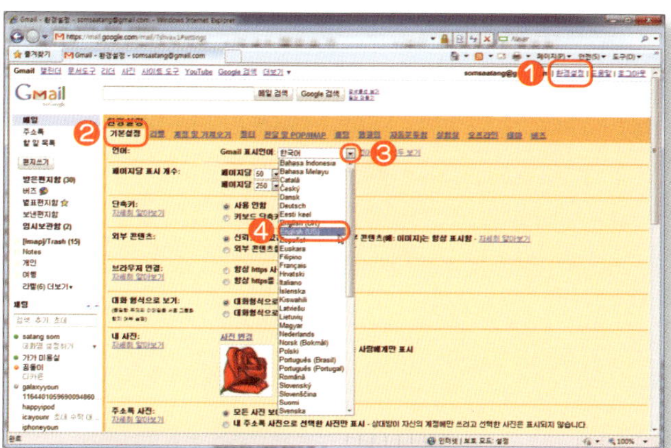

02 화면 가장 아래 있는 [변경사항 저장]을 클릭한다.

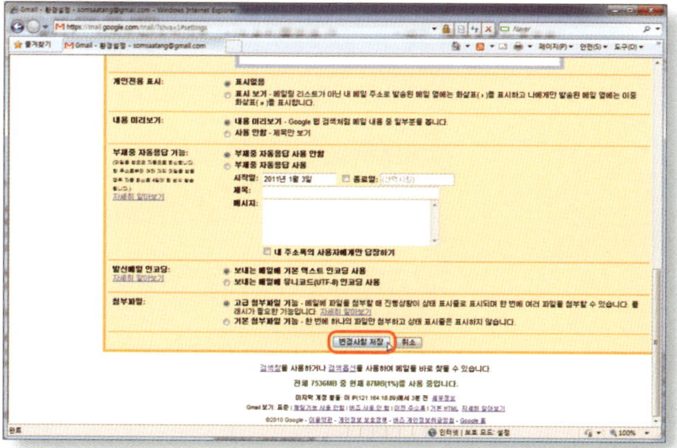

03 Gmail의 메뉴 표시가 영어로 바뀐다.

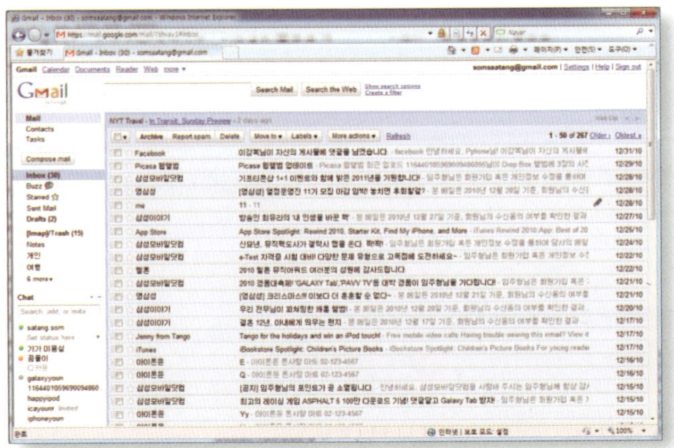

04 아이폰에서 Safari 앱을 실행하고 [http://mail.google.com]에 접속한다. 한국어로 표시되던 Gmail이 영어판으로 바뀐다. 이 상태에서 화면 아래쪽에 있는 ➕를 터치한다.

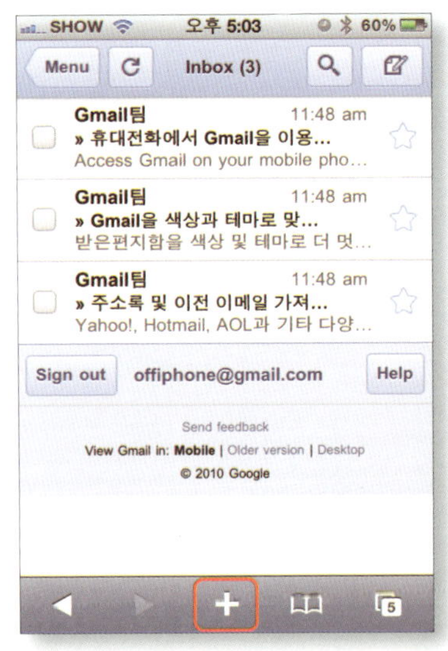

05 나타나는 메뉴에서 [책갈피 추가] 또는 [홈 화면에 추가]를 선택한다. 여기서는 [홈 화면에 추가]를 터치한다.

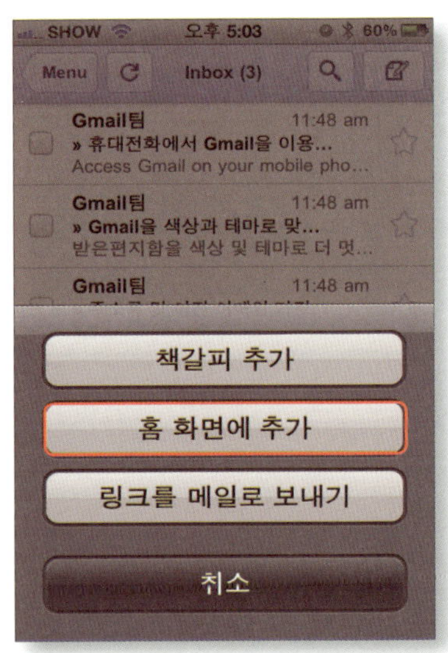

Gmail 앱 추가하기
[책갈피 추가]를 선택하면 책갈피에 Gmail의 즐겨찾기가 생성되고, [홈 화면에 추가]를 선택하면 홈 화면에 Gmail의 아이콘이 생성된다.

 [홈에 추가] 화면이 표시되면 Gmail 이름을 [Gmail]이라고 입력하고 를 터치한다.

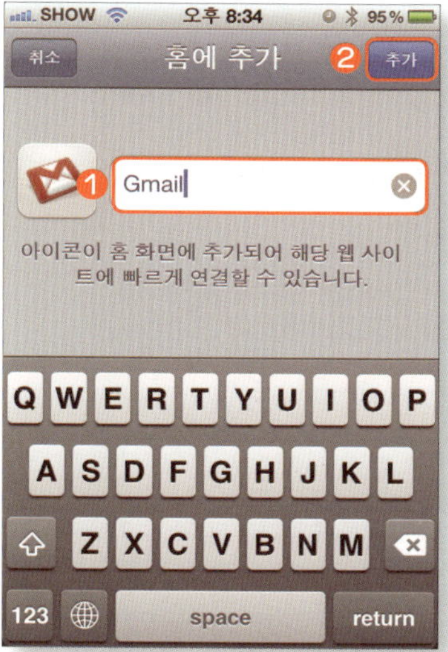

 홈 화면에 Gmail 앱 아이콘이 만들어졌다. 이 아이콘을 터치해보자. 앞으로는 이렇게 생성된 아이콘을 터치하여 간편하게 영어판 웹 Gmail을 불러올 수 있다.

 앱이 열리면서 Gmail이 실행된다. 언제든지 간단하고 쉽게 Gmail을 이용할 수 있다.

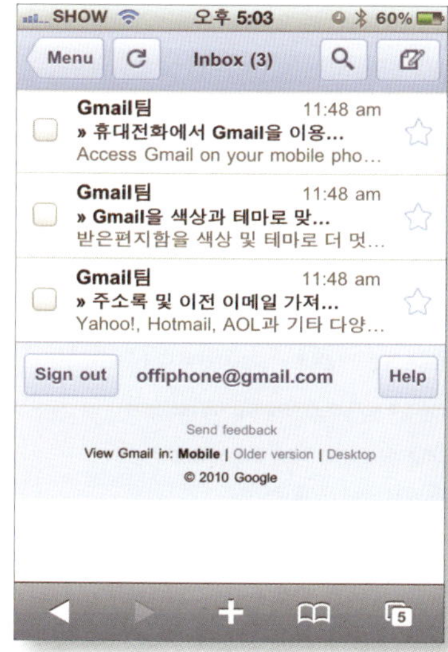

책갈피로 등록하기

여기에서는 아이폰에서 영어판 웹 Gmail을 책갈피에 등록하는 방법에 대해 알아본다.

❶ Gmail 화면 아래쪽에 있는 ➕ 아이콘을 터치한다.

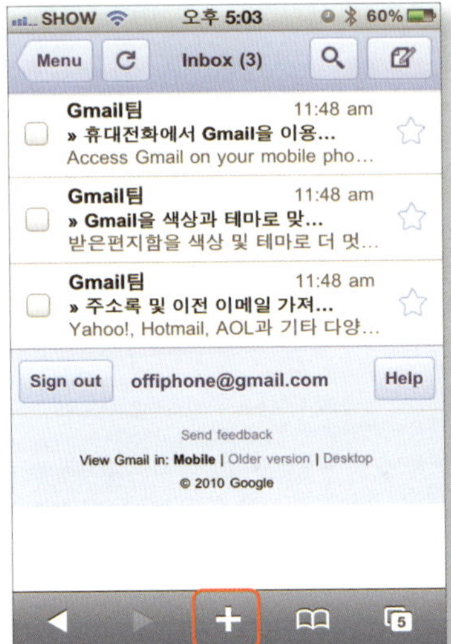

❷ 메뉴가 표시되면 [책갈피 추가]를 터치한다.

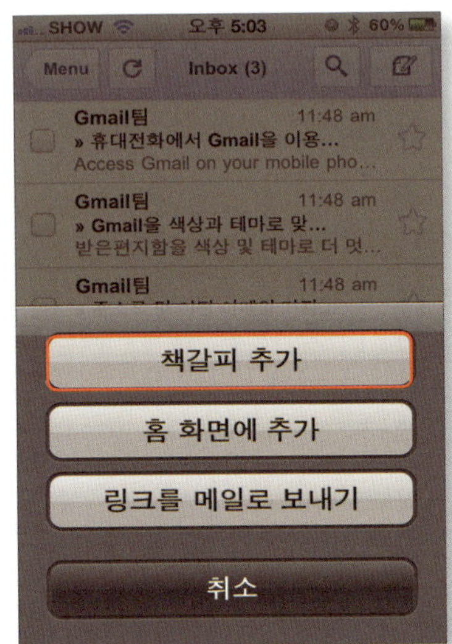

❸ 인터넷 화면에서 화면 아래에 있는 책갈피 아이콘을 터치해본다.

❹ 책갈피에 설정한 Gmail이 나타나 언제든지 쉽게 접속할 수 있다.

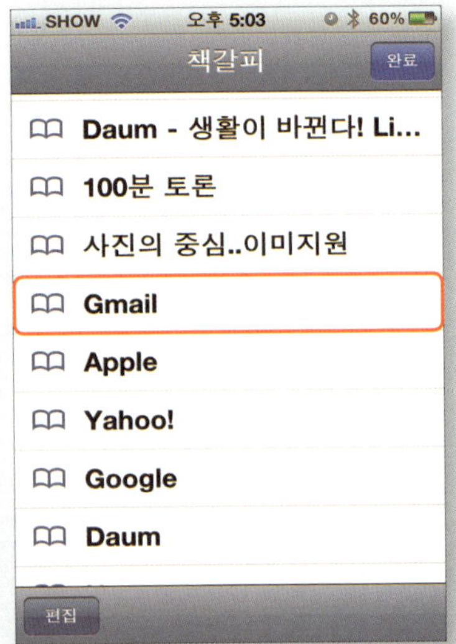

06 Gmail의 장점은 검색하기

Gmail의 가장 큰 장점은 검색 기능을 이용해 이전 메일에서 정보를 찾을 수 있다는 점이다.

Gmail은 2011년 4월 현재 7.5GB까지 메일을 보관할 수 있다. 게다가 용량이 조금씩 늘어나는 중이다. 필자는 2004년 7월에 Gmail을 사용하기 시작해 지금까지 한 번도 메일을 삭제한 적이 없지만, 아직도 전체 용량의 50%밖에 사용하지 못했다. 대다수 사람들은 거의 평생 용량 걱정 없이 쓸 수 있는 수준이다.

주고받은 모든 메일이 남아 있기 때문에 '이전에 어떤 약속을 했었는지', '이전에 보낸 메일에 어떤 내용을 썼는지' 등의 정보를 검색 기능을 이용해서 쉽게 찾아볼 수 있다.

Gmail은 검색에 강한 구글이 제공하는 서비스이므로 수십만 건에 달하는 메일을 검색하는 작업도 단 몇 초 만에 할 수 있다.

메일은 개인의 가장 큰 데이터베이스이다. 간편한 검색 기능을 제공하는 Gmail로 메일 주소를 통합해서 정보를 정리해두자. 손바닥만 한 크기의 아이폰 하나만 있으면 자신의 모든 행동 이력을 알 수 있는 데이터베이스를 갖고 다니게 되는 셈이다.

Gmail의 검색 화면. 메일이 많아도 간단하게 검색할 수 있다.

07 업무 약속 직전에는 Gmail로 검색하기

검색 기능을 효과적으로 사용하는 테크닉 중 하나가 업무 약속 직전에 만날 사람의 이름으로 메일 전체를 검색해보는 것이다.

검색 방법은 간단하다. 우선 웹 Gmail 화면 오른쪽 위에 있는 [돋보기] 아이콘을 터치한다. 검색창이 나타나면 이름, 메일 주소, 메일 제목 등 검색하고 싶은 글자를 입력하고 다시 한 번 [돋보기] 아이콘을 터치한다.

그러면 해당 문자를 포함하는 메일이 표시된다. 이때 이름이 포함된 메일이 최근에 도착한 순서대로 표시되기 때문에, 해당 업무 약속에 관한 메일은 위쪽부터 차례로 보인다. 위에서 아래로 순서대로 읽으면 지금까지 약속 상대와 오갔던 이야기를 미리 체크해볼 수 있다.

검색 결과 표시 상태에서 원래 화면으로 돌아가려면 왼쪽 위의 [Inbox]를 터치하면 된다.

이런 방법을 통해 [지금까지 상대방과 만났던 이력]을 알 수 있다.

예를 들면 조금 이따가 만날 사람이 몇 년 전에 전혀 다른 업무 때문에 취재했던 사람이라는 사실을 발견할 수도 있다. 상대방이 대기업에 다니는 사람이면 인사발령으로 전혀 다른 분야에서 재회하는 경우도 심심치 않게 일어난다. 날마다 많은 사람을 만나다보면 얼굴만 봐서는 기억하지 못할 수도 있지만, [검색] 기능을 사용해 사전 조사를 해두면 상대방과 더 밀접한 커뮤니케이션이 가능해진다.

도쿠마 서점(德間書店)의 사장이었던 고 도쿠마 야스요시 씨는 사람들과 나누었던 이야기를 일기장에 상세하게 적어두고 다음번에 다시 그 사람을 만났을 때 "전에 이런 이야기를 했었죠?" 하며 상대방을 놀라게 했다고 한다. 그렇게까지 철저하지는 않더라도 지금까지 상대방과 어떤 이야기가 오갔는지 미리 확인할 수 있나면 대화가 더 부드럽게 진행될 것이다. 특히 많은 고객을 상대하는 영업직원은 검색 기능을 이용해 고객의 정보를 복습한 후 고객을 만나면 더할 나위 없을 것이다.

필자의 경우에도 그날 업무 약속 때 만날 담당자 이름과 담당 부서명 등을 사전에 확인하기 위해 검색 기능을 애용한다.

Gmail에서 검색하기

Gmail에서는 이름, 메일 주소, 메일 제목 등으로 필요한 내용을 검색할 수 있다.

01 Gmail 화면에서 🔍를 터치한다.

02 검색 화면이 표시되면 필요한 내용을 입력하고 🔍를 터치한다.

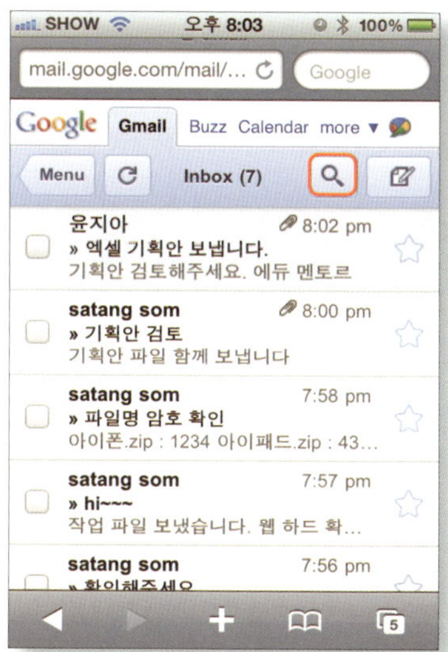

03 검색어가 들어간 메일 목록이 모두 표시된다. 필요한 내용을 자세하게 볼 수 있다.

08 아이폰에서 새 메일 바로 체크하기(준비편)

지금까지 설명한 대로 아이폰에서 Gmail을 이용하는 경우, 영어판 웹 Gmail을 쓰는 것이 가장 좋다. 하지만 웹 Gmail에서는 메일이 새로 들어와도 착신음이나 진동으로 알려주지 않기 때문에 메일을 받고 나서 실제로 확인할 때까지 어느 정도 시간이 걸린다.

이러한 문제점을 보완하기 위해서는 봉투 모양의 아이콘인 [Mail] 앱을 사용하면 된다. [Mail] 앱에 Gmail을 설정해두면 '메일 착신 알림' 기능이 작동해서, Gmail 주소에 새로운 메일이 도착할 때마다 바로 착신음과 진동으로 알려준다.

이러한 메일 착신 알림 기능처럼 정보가 네트워크에서 단말기로 자동 송출되는 서비스를 '푸시'라고 한다.

푸시 설정 방법은 별로 어렵지 않다. 아이폰의 [설정]-[Mail, 연락처, 캘린더]-[계정 추가]를 차례로 터치하면 나타나는 화면에서 설정하면 된다.

따라하기 **07** 번 과정의 [동기화하려는 정보 선택]에는 [Mail], [연락처], [캘린더]가 있다. 이 중 [연락처]와 [캘린더]를 동기화하면, 설정 전에 아이폰에 들어 있던 정보가 Gmail의 연락처와 구글의 캘린더 정보로 대체된다. 따라서 이 설정을 하기 전에 지금 아이폰에 있는 데이터가 지워져도 괜찮은지, 필요한 정보는 백업해 두었는지를 확인한다.

 ## [Mail]에 Gmail 설정하기

[Mail]에 Gmail을 추가로 설정하여 착신음이 울리도록 하는 방법에 대해 알아보자.

01 [설정]을 실행하면 나타나는 [설정] 화면에서 [Mail, 연락처, 캘린더]를 터치한다.

02 [Mail, 연락처, 캘린더] 화면이 표시되면 [계정 추가...]를 터치한다.

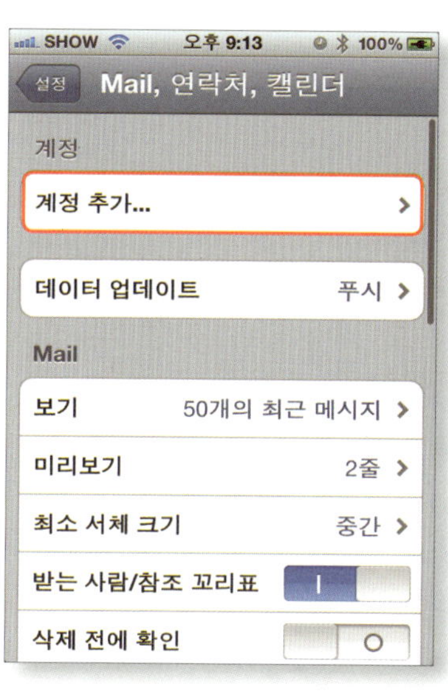

03 [계정 추가...] 화면이 표시되면 [Microsoft Exchange]를 터치한다. [Gmail]이라는 메뉴도 보이지만, 푸시 설정을 위해서는 [Microsoft Exchange]를 사용하므로 혼동하지 않도록 한다.

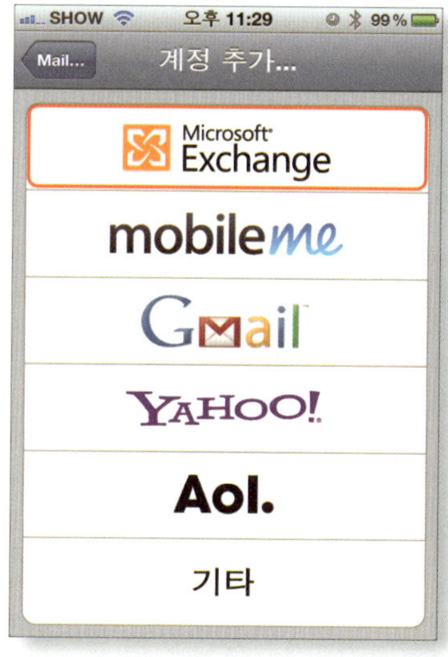

04 [Exchange] 화면이 표시되면 Gmail 주소와 사용자 이름, Gmail의 암호를 입력하고 다음 을 터치한다.

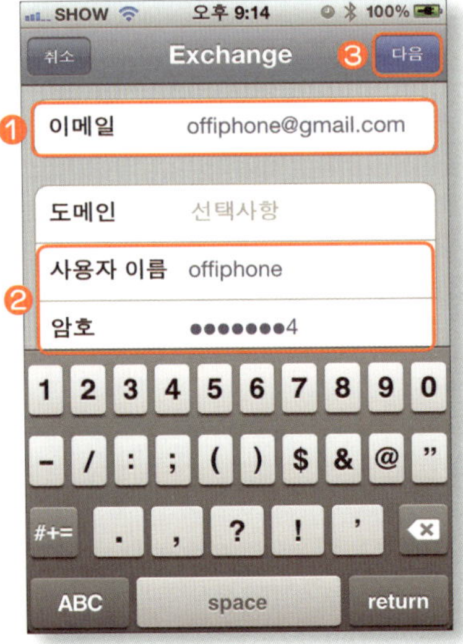

05 다음과 같은 화면이 표시되면 [서버]를 터치한다.

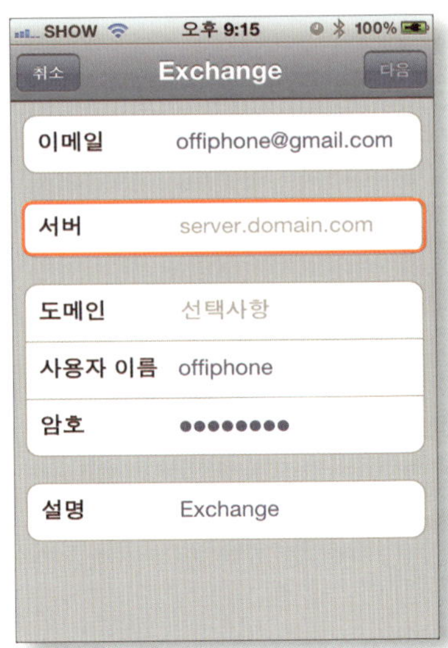

06 [m.google.com]이라고 입력하고 다음 을 터치한다.

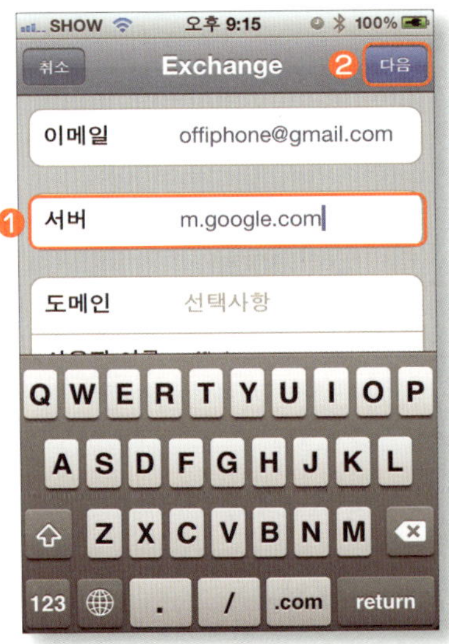

07 [Exchange 계정] 화면이 표시되면 동기화할 항목을 지정하고 저장 을 터치한다.

08 [Exchange] 계정이 추가되었다. [데이터 업데이트]를 보면 [푸시]라고 설정되어 있다. 이제부터 새로운 메일이 오면 착신음이 들리게 된다.

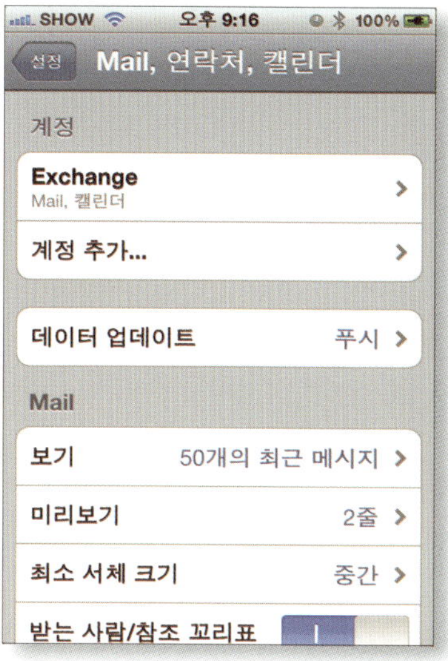

09 착신음이 들리면 [Mail] 앱을 터치하여 실행한다.

10 새로운 메일이 온 것을 알 수 있다.

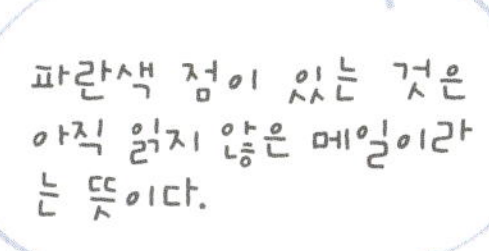

파란색 점이 있는 것은 아직 읽지 않은 메일이라는 뜻이다.

09 메일이 도착하는 즉시 체크하기(실천편)

새로 들어온 메일을 실제로 체크하는 방법을 알아보자. 새로운 메일이 도착하면 다음과 같은 순서로 메일 내용을 체크하게 된다.

❶ Gmail에 새로운 메일 도착
❷ 아이폰이 착신음이나 진동으로 메일 착신을 알림
❸ 홈 화면의 [Mail] 아이콘 오른쪽 위에 받은 메일 수가 표시됨
❹ 웹 Gmail에 접속
❺ 필요한 경우 답장을 보내는 등 정보를 정리하거나 처리
❻ 홈 화면으로 돌아가 보면 받은 메일 수를 표시하는 숫자가 사라져 있다. 메일 체크 완료

❹에서 웹 Gmail에 접속하지 않고 직접 [Mail] 아이콘을 터치하여 메일을 확인하는 방법도 있다. 하지만 [Mail] 기능은 65페이지에서 소개할 북마크 기능이나 Archive 기능은 사용하기 까다롭고 메일 검색 능력이 빈약하다. 따라서 필자는 일부러 웹 Gmail을 사용한다. 업무 효율을 중시한다면 Mail보다 웹 Gmail을 사용하는 편이 좋다. 다만 어떤 메일이 도착했는지만을 확인하고자 할 때는 [Mail] 앱을 이용해도 상관없다.

새로 받은 Gmail, 아이폰에서 체크하기

새로 들어온 Gmail을 웹 Gmail로 확인하는 방법에 대해 알아보자.

01 새로운 메일이 Gmail에 도착한다.

02 착신음이나 진동으로 메일이 온 것을 알려준다. 홈 화면을 열면 [Mail] 아이콘 위에 새로 받은 메일 수가 표시된다. [Gmail] 앱을 터치하여 웹 Gmail에 접속한다.

03 웹 Gmail에 접속해 메일 내용을 체크하고 처리한다.

04 홈 화면으로 돌아가 보면 도착한 메일 수를 표시하는 숫자가 사라져 있다.

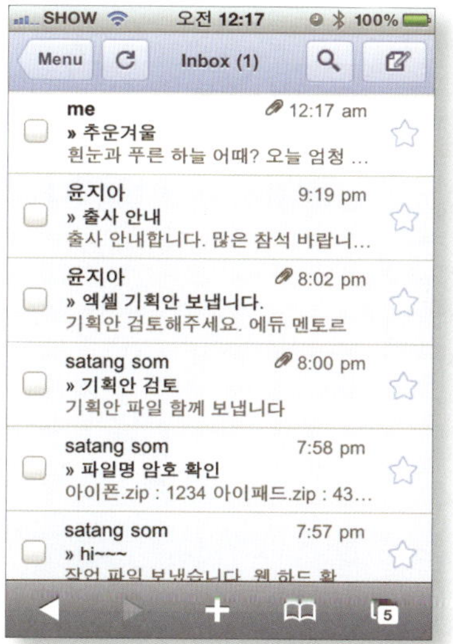

10 이미 별도의 메인 메일을 활용하고 있다면

필자는 앞에서 메일 주소를 하나로 통합하라고 하며, Gmail을 사용하라고 권했다. 하지만 이미 다른 메일 주소를 사용하고 있는 사람은 Gmail을 사용하는 데 거부감을 느낄 수도 있다. 'ㅇㅇㅇ@gmail.com'이라는 별도의 메일 주소를 추가로 사용하는 셈이기 때문이다.

실제 필자는 다른 사람과 연락할 때 'ㅇㅇㅇ@gmail.com'을 사용하지 않는다. 오히려 예전부터 업무에 이용해오던 메인 메일 주소를 활용한다.

다시 말해서 다음의 두 가지 사항을 Gmail에서 처리한다.

● 메인 메일 주소에 도착한 메일을 전달한 후 Gmail에서 읽는다.
● Gmail에서 메일을 보낼 때도 메인 메일 주소를 사용한다.

➤ 종전의 [메인 메일 주소]를 계속 사용하는 경우

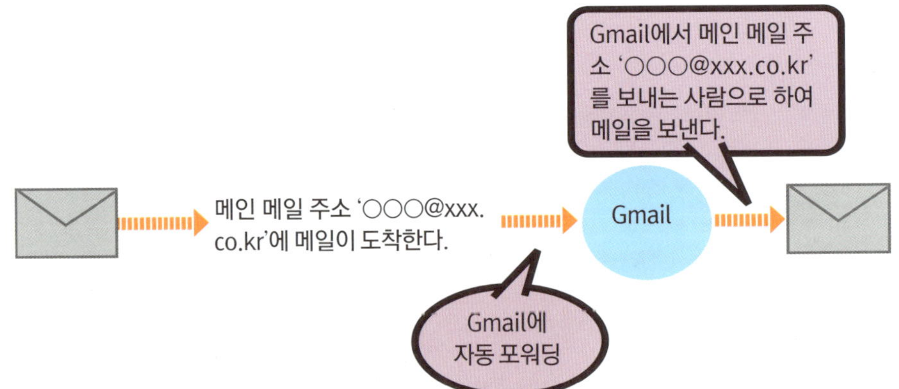

메일 주소는 전화번호와 마찬가지로 개인의 정체성을 유지할 수 있는 중요한 정
보이다. 특히 필자와 같은 개인사업자에게 있어 메일 주소 변경은 단골 거래처나
지인과의 연락이 끊어질 위험성을 감수한다는 의미와 다름없다. 실제로 몇 년 전
에 필자가 연락이 끊겼다고 여겼던 사람에게서 우연한 기회에 연락을 받고 큰 거
래가 성사된 적도 있었다. 그때 연락 창구가 되어준 것이 예전부터 이용해왔던 메
일 주소였다. 정보를 파는 일이 직업인 필자에게 연락 창구는 각별히 중요하다.
앞으로도 메일 주소는 가급적 하나만 쭉 사용해나갈 생각이다.

물론 메일로 연락할 상대가 현재 그다지 많지 않다면 메인 메일 주소를 Gmail로
바꾸는 편이 가장 좋다. Gmail을 메인 메일 주소로 사용하는 경우에는 다음에 소
개하는 [11. 메일 전달로 Gmail에 정보 모으기], [12. Gmail에서 메일을 보내도 발
신자명은 메인 메일 주소로 표시되도록 하기] 는 읽지 않고 넘어가도 상관없다.

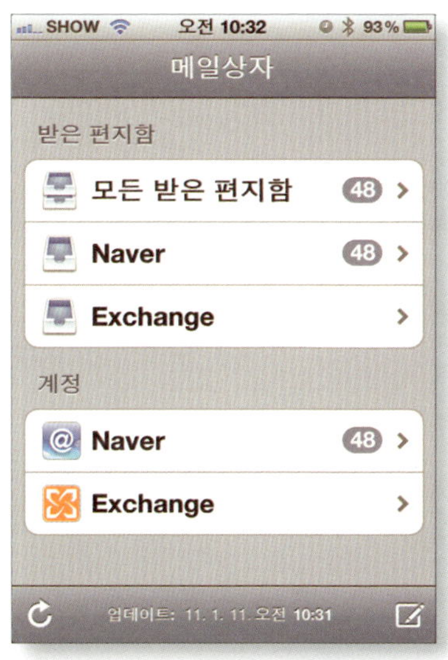

아이폰 Gmail에 등록된 네이버 메일

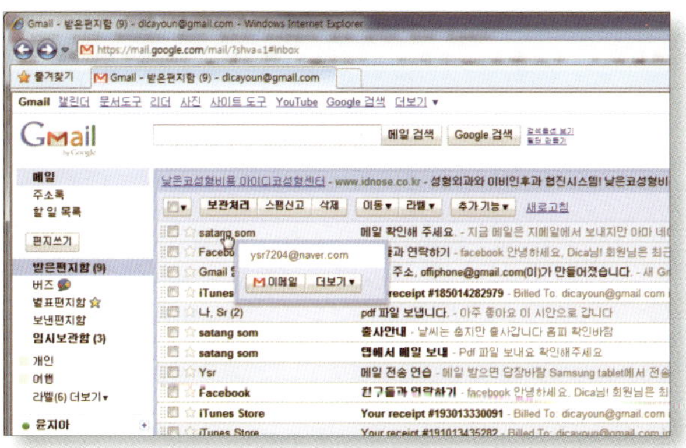

Gmail에서 메일을 보내도 메인
메일(예를 들어 네이버 메일)에
서 보낸 것처럼 보인다.

11 메일 전달로 Gmail에 정보 모으기

메인 메일 주소에 도착한 메일을 Gmail에서 읽기 위한 가장 쉬운 방법은 **메일 자동 전달**이다. 이 기능은 특정 메일 주소에 도착한 메일을 자동으로 다른 메일 주소로 전달하는 방식이다. 예를 들어 야후(Yahoo)에 도착한 메일을 Gmail로 자동 전달(포워딩)하면 야후로 들어오는 메일을 Gmail에서도 항상 읽을 수 있는 것이다. 메일 자동 전달의 설정 방법은 메일 서비스에 따라 다르므로 자신이 이용하는 웹 서비스에서 알아보는 것이 확실하다. 대부분 웹상에서 전달할 메일 주소를 입력하기만 하면 되므로 아주 간단히 설정할 수 있다.

메일 자동 전달을 설정할 때 한 가지 유의해야 할 점은 메일 보관함에 원본 메일을 남겨둘 것인지의 선택이다. 대부분의 사람들은 Gmail에 메일이 전달되기 때문에 원래 메일 데이터는 불필요하다고 생각해서 [원본 메일 삭제]를 선택한다.

하지만 필자는 [메일 사본 저장]을 선택해서 메인 메일에도 메일이 수신된 상태로 놔둔다. 이것은 '백업'을 위해서이다.

Gmail은 매우 믿을 만한 서비스이지만 항상 접속이 가능하다거나 데이터가 전혀 손상되지 않는다고 보장할 수는 없다. Gmail이 오류를 일으켜서 중요한 메일 데이터를 볼 수 없게 되는 사태에 대비해서 메인 메일에도 똑같은 메일을 보관해두는 것이다. 컴퓨터가 고장 나 종종 데이터를 잃어버리는 사고가 일어나는데 두 군데 메일 서비스에 있는 데이터가 동시에 사라지는 경우는 없다.

필자는 아직 이러한 이중 대책의 도움을 받아야 하는 사태까지 이른 적은 없다. 하지만 만일을 위해서 Gmail을 너무 맹신하는 태도는 좋지 않다.

네이버 메일을 Gmail로 자동 전달하기

여기서는 네이버 메일을 Gmail로 자동 전달하는 방법에 대해 알아보겠다. 메일 전달 방법은 각 웹서비스마다 다르므로 각각 해당 사이트의 도움말을 참조하자.

01 네이버 메일에 접속한 다음 [환경설정]을 클릭한다.

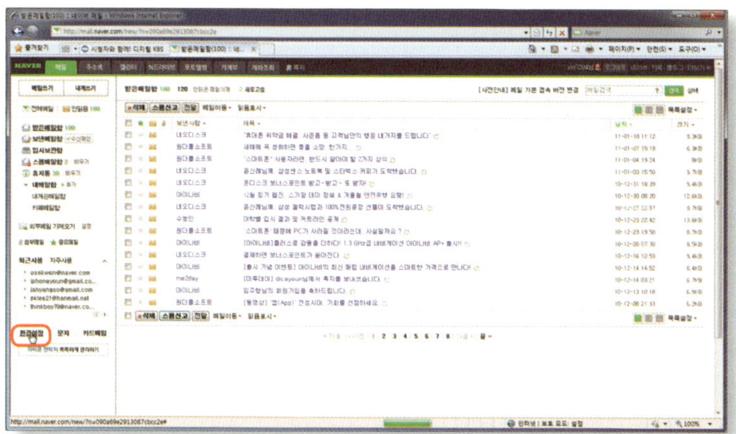

02 [메일 환경설정] 창이 나타나면 [모바일·외부메일 설정]에서 [POP3/SMTP설정]을 클릭한다.

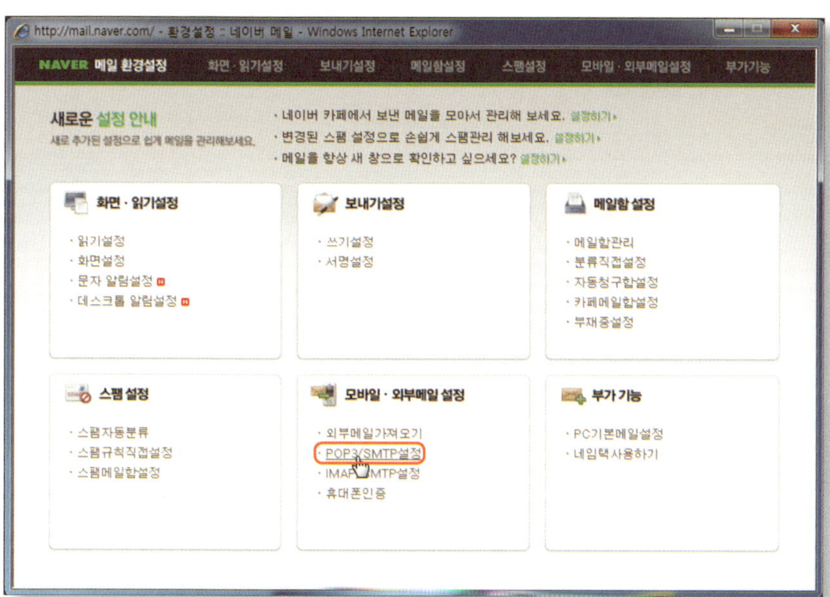

03 [모바일 · 외부메일설정] 탭이 표시된다. 현재 [POP3/SMTP 사용]이 [사용안함]으로 설정되어 있는 것을 알 수 있다.

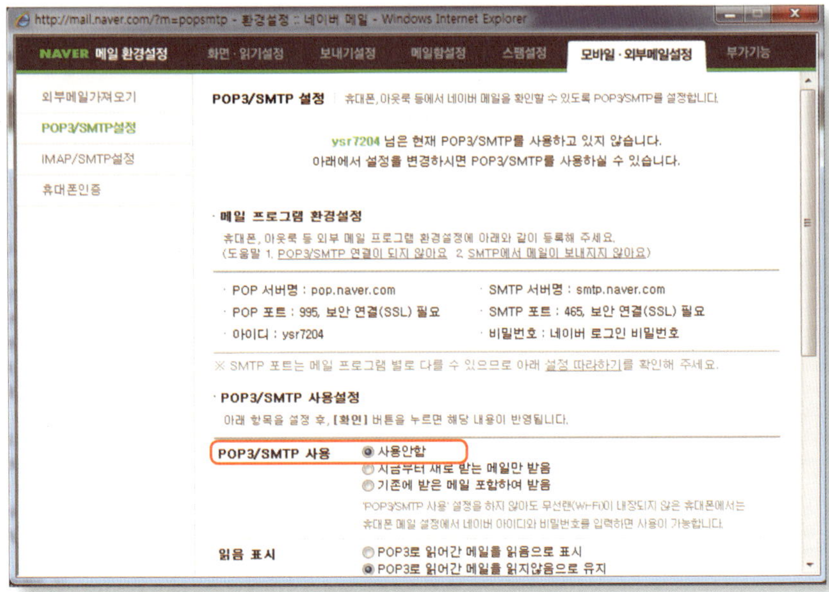

04 [POP3/SMTP 사용]에서 [지금부터 새로 받는 메일만 받음]과 [기존에 받은 메일 포함하여 받음] 중 선택하고, [네이버 메일에 원본 남김]을 체크해 원본을 저장하도록 한 다음 [확인] 단추를 클릭한다.

05 이제 [POP3/SMTP를 사용하고 있다.]로 변경되어 표시된다. 컴퓨터에서의 설정은 여기까지만 하면 된다.

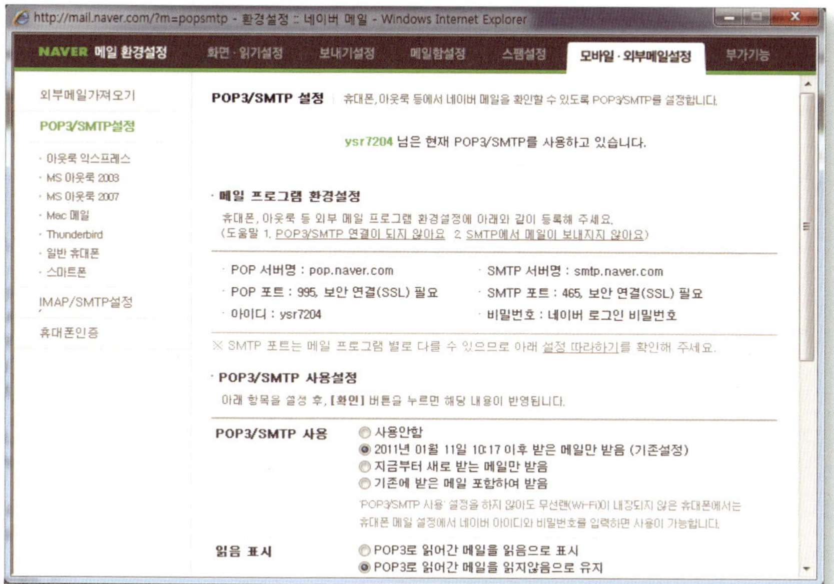

06 아이폰에서 [설정]을 실행하여 [설정] 화면이 표시되면 [Mail, 연락처, 캘린더]를 터치한다.

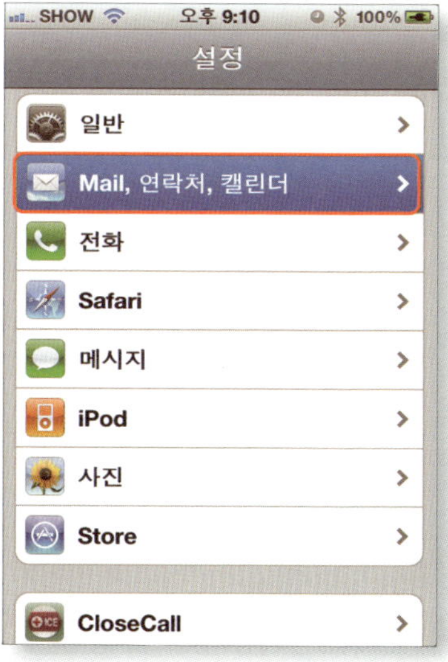

07 [Mail, 연락처, 캘린더] 화면이 표시되면 [계정 추가...]를 터치한다.

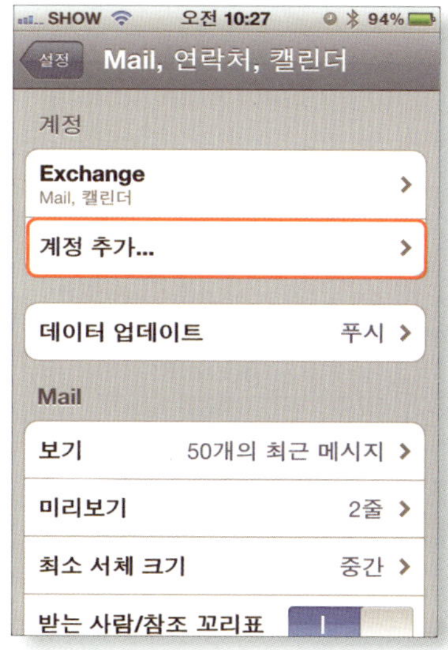

48

08 [계정 추가...] 화면이 표시된다. 목록에 네이버가 없으므로 [기타]를 터치한다.

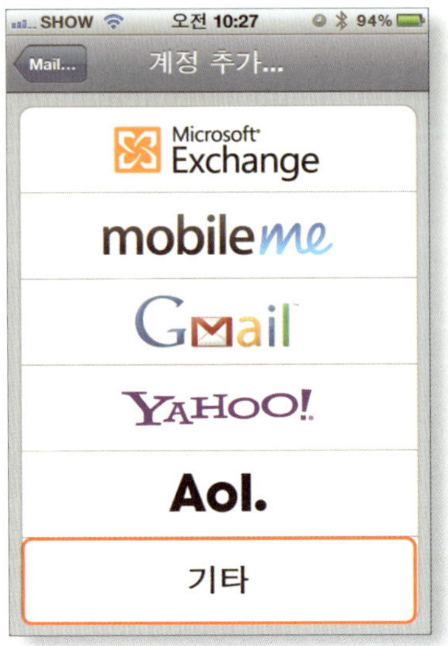

09 [기타] 화면이 표시되면 [Mail 계정 추개]를 터치한다.

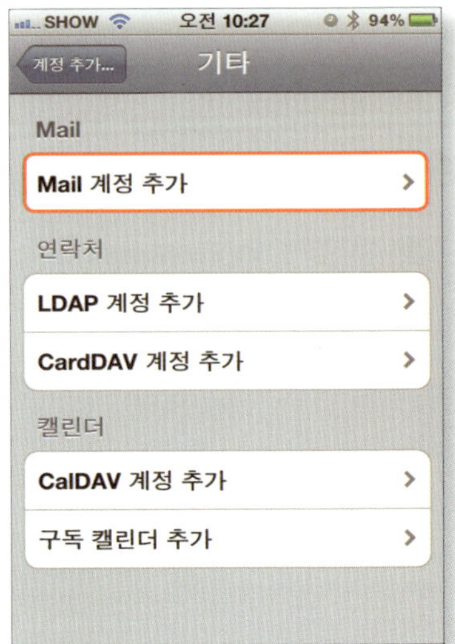

10 [새로운 계정] 설정 화면이 표시되면 이름, 주소, 암호, 설명을 모두 입력하고 다음을 터치한다.

11 [IMAP] 화면이 표시되면 Mail과 메모를 동기화할 것인지를 선택하고 저장을 터치한다.

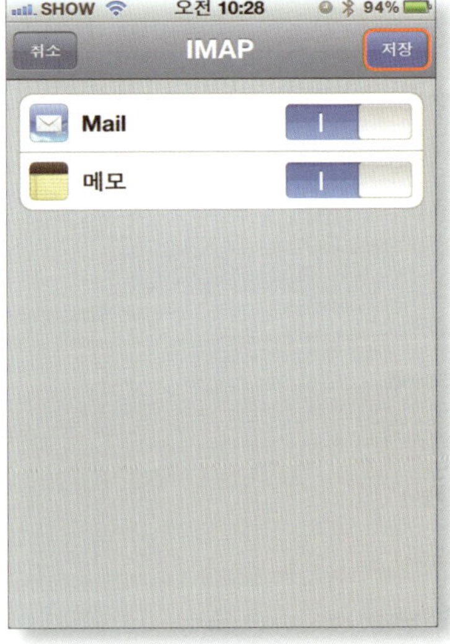

`12` 다시 [Mail, 연락처, 캘린더] 화면이 표시된다. Naver 계정이 추가된 것을 볼 수 있다.

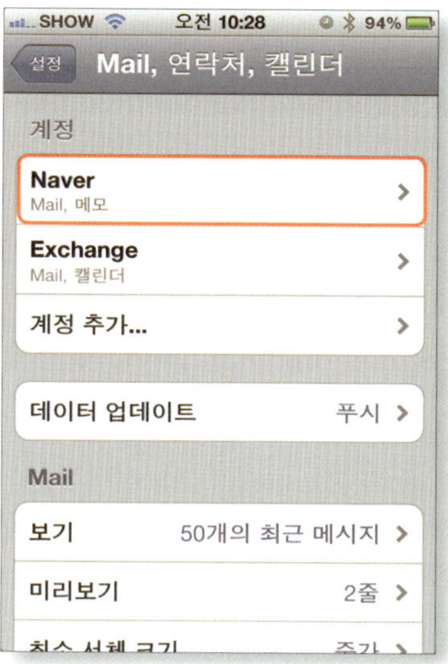

`13` 홈 화면에서 [Mail]을 터치한다.

`14` [메일상자]에 추가로 등록한 Naver 계정이 표시된다. 이 계정을 터치한다.

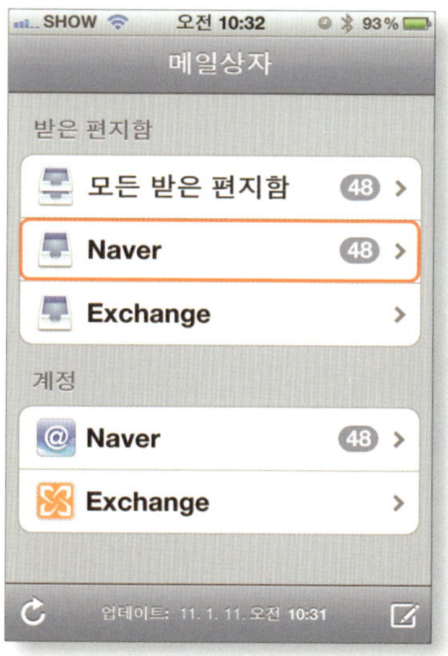

`15` Naver 주소로 온 메일을 그대로 볼 수 있다.

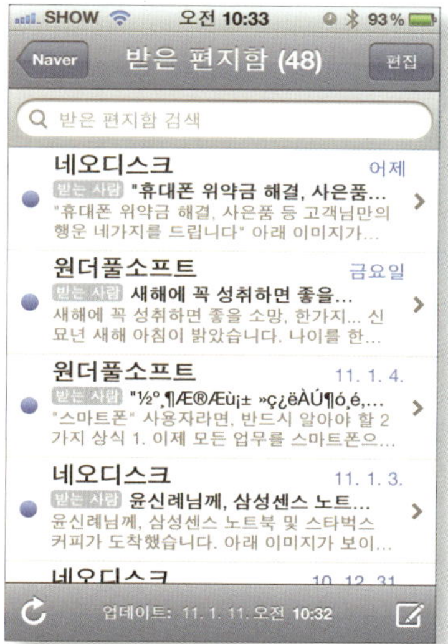

12 Gmail에서 메일을 보내도 발신자명은 메인 메일 주소로 표시되도록 하기

Gmail에는 메일을 보낼 때 Gmail 이외의 메일 주소를 발신자로 지정해서 보내는 기능이 있다. 이 기능을 사용하면, Gmail로 메일을 보내지만 받는 사람의 입장에서는 발신자가 Gmail 주소가 아닌 별도의 메일 주소를 사용하는 것처럼 여기게 된다. 따라서 Gmail을 자주 사용한다고 해서 메인 메일 주소까지 Gmail로 변경할 필요는 없다. 이 설정은 컴퓨터에서 한다.

52페이지의 따라하기 03 번 과정에서 [Gmail을 통한 발송] 또는 [ㅇㅇSMTP 서버를 통해 발송]을 선택하게 되어 있다. 전자를 선택하면 설정하기가 좀 더 쉽지만 상대방의 메일 소프트웨어에 따라서는 [보낸 사람]란에 [ㅇㅇㅇ@gmail.com이 다음 사람을 대리해서 송신했다. : Honggildong[ㅇㅇㅇ@xxx.co.kr]]라고 표시되는 경우가 있다. 필자는 이 방법을 사용하지만 이렇게 표시되는 것이 별로 마음에 들지 않는 독자는 후자를 선택하면 된다. 후자인 [ㅇㅇSMTP 서버를 통해 발송]을 선택하면 메일이 메인 메일 주소 서버를 경유해서 발송되기 때문에 상대의 메일 소프트웨어에 표시되는 [보낸 사람]은 Gmail이 아닌 [ㅇㅇㅇ@xxx.co.kr]이 된다.

이렇게 설정을 마치면 아이폰의 웹 Gmail을 사용하면서도 종전의 메인 메일 주소를 그대로 유지할 수 있다. 약간 성가시다고 느낄 수도 있겠지만, 한 번만 설정해 두면 메인 메일 주소를 변경하지 않고도 정보를 한 군데의 메일 주소로 집약할 수 있다.

메인 메일 주소로 Gmail에서 메일 보내기

Gmail에서 메일을 보내도 받는 사람은 다른 메일 주소로 표시되도록 하는 기능이다. 여기서는 네이버 메일을 메인 메일 주소로 보내는 방법에 대해 알아본다.

01 Gmail에 접속한 다음 [환경설정]을 클릭한다. [환경설정] 화면이 표시되면 [계정 및 가져오기] 탭을 클릭한다. [다음 주소에서 메일 보내기] 항목에서 [다음 주소에서 메일 발송] 단추를 클릭한다.

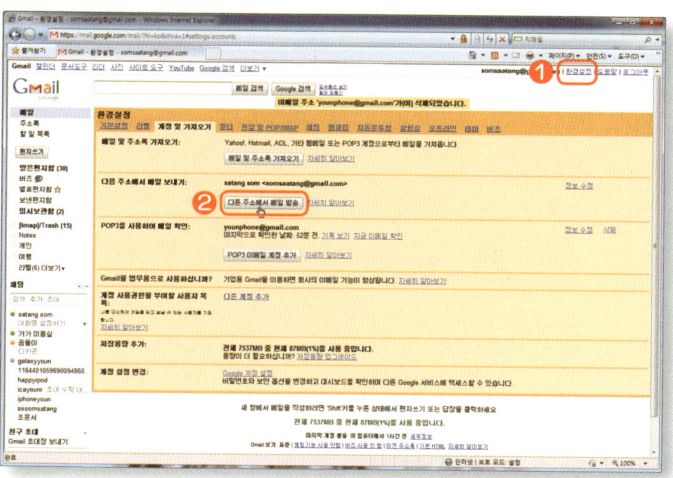

02 [다른 이메일 주소 추가] 대화상자가 나타나면 이름과 이메일 주소를 입력하고 [다음 단계] 단추를 클릭한다.

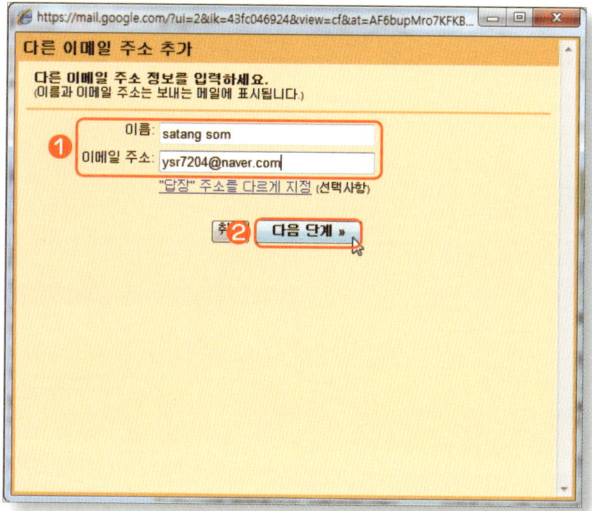

03 화면이 바뀌면 두 번째 항목을 선택한 다음, 비밀번호를 입력하고 [계정 추가] 단추를 클릭한다.

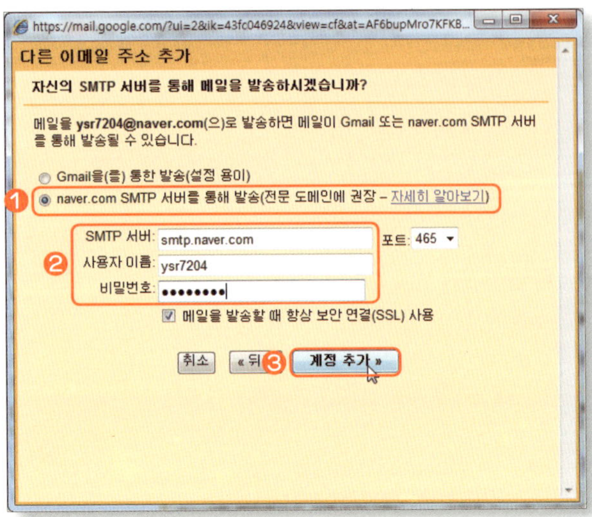

04 [확인코드를 확인하고 메일 주소를 추가하세요] 대화상자가 나타난다. 확인코드는 해당 메일 주소에서 확인한 다음 입력하고 [확인] 단추를 클릭한다.

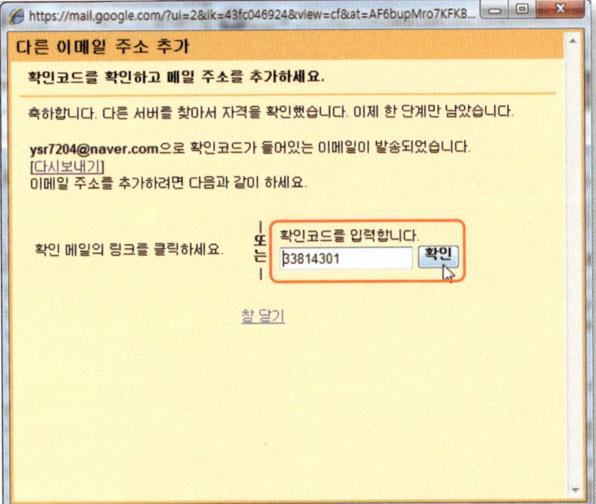

05 네이버 메일에서 확인 코드를 확인하는 회면이다.

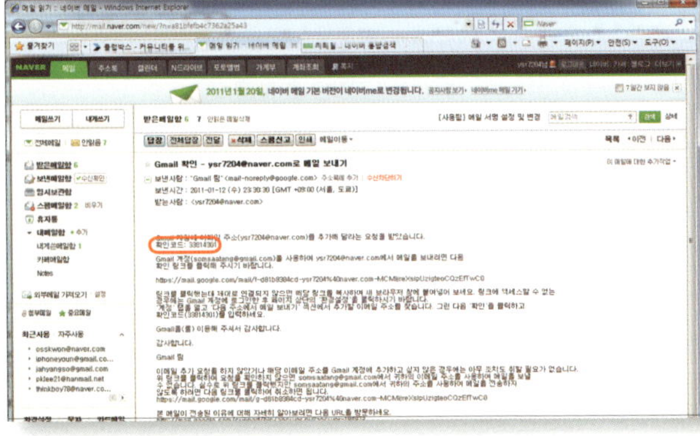

 웹 Gmail에서 메일 보내기를 확인하면 네이버 메일 주소가 추가된 것을 확인할 수 있다.

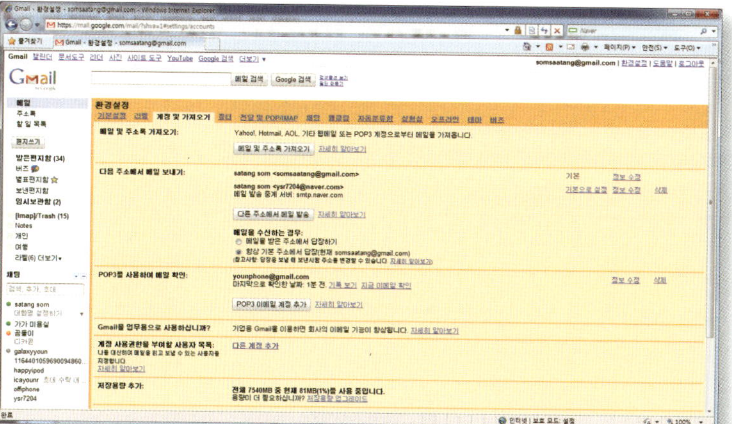

 [편지쓰기] 단추를 클릭하여 편지 보내기 화면이 나타나면 [보낸사람]을 클릭하여 메일 주소를 선택한다.

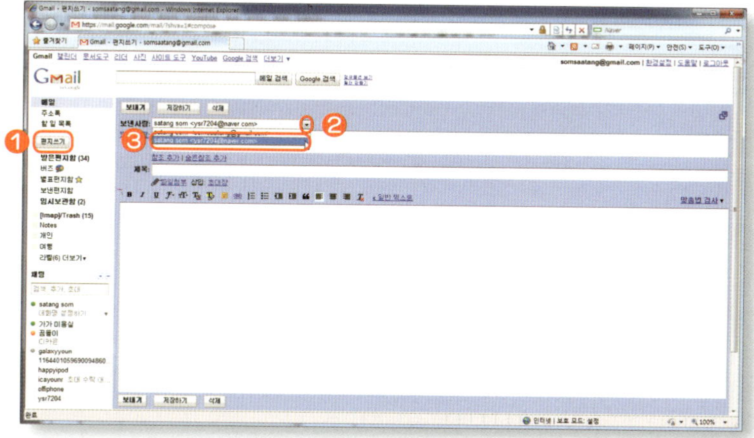

 메일 내용을 모두 입력한 뒤, [보내기] 단추를 클릭하여 메일을 보낸다.

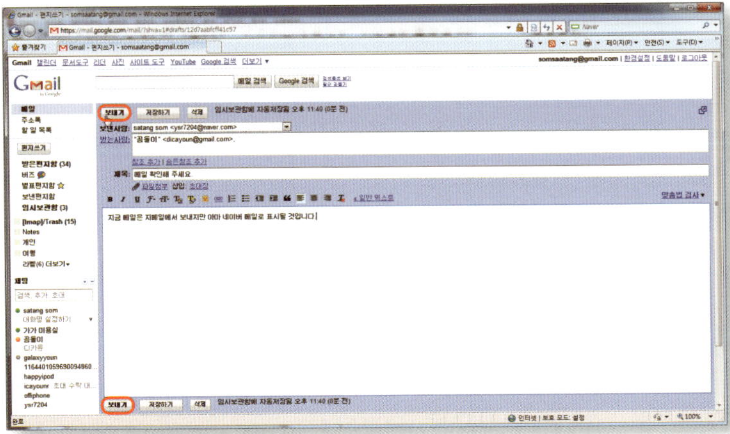

 보낸 메일을 확인해보면 메일을 보낸 주소가 Gmail이 아니라 네이버 메일 주소인 것을
알 수 있다.

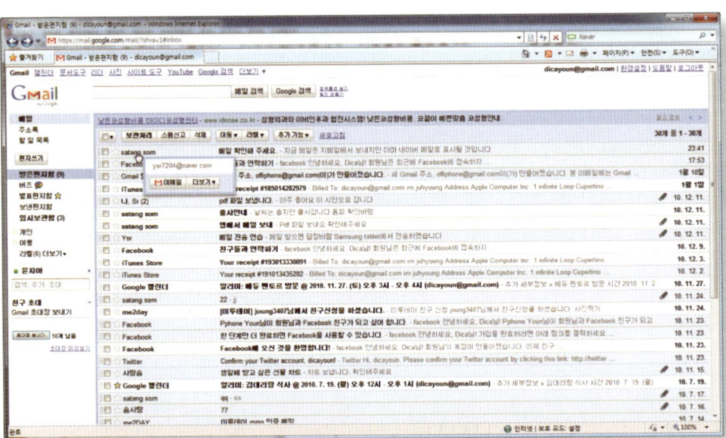

13 아이폰은 Gmail을 사용하는 최적의 단말기

지금까지 설명한 Gmail 사용 테크닉은 아이폰에만 한정된 이야기가 아니다. 아이폰뿐만 아니라 흔히 사용하는 컴퓨터에서도 동일하게 설정해 효율을 높일 수 있다. 이왕이면 모든 메일을 Gmail로 처리해서 효과를 높여 보자는 취지이다. 그럼 아이폰에서 Gmail을 활용해야 하는 이유는 무엇일까?

첫째, 아이폰은 웹브라우저 기능이 강력해서 Gmail을 효율적으로 활용할 수 있기 때문이다. 구글에서는 Gmail 화면이 나오는 아이폰용 Gmail을 따로 마련해두었을 정도이다. 다른 휴대폰에서는 아이폰만큼 빠르고 효율적으로 Gmail을 이용할 수 없다.

둘째, 아이폰은 휴대폰으로서의 특성이 있다. 휴대폰은 기본적으로 언제 어디에서나 사용할 수 있어야 한다. 어디에서든지 Gmail에 접속만 할 수 있다면 어떤 상황에서라도 자신의 모든 행동 이력을 메일에서 확인할 수 있다. 자신의 모든 정보를 가지고 다니는 환경을 충분히 활용하는 것이 포인트이다.

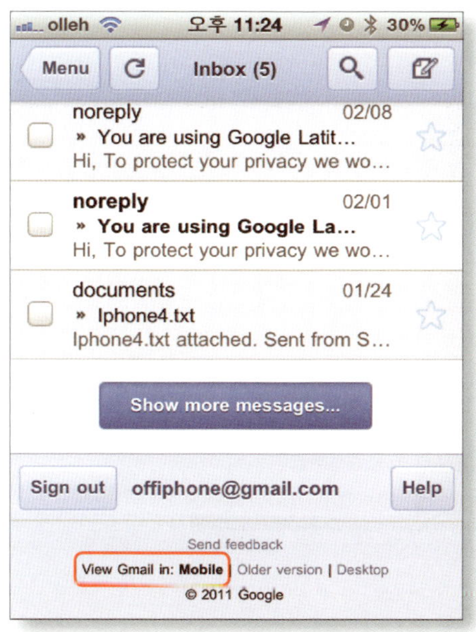

아이폰에서의 Gmail 화면이나.

14 스케줄은 컴퓨터와 연동시키기

아이폰에는 스케줄을 관리하는 캘린더 기능이 있다. 매우 강력한 기능으로 많은 사람이 만족스럽게 사용할 수 있다.

하지만 스케줄이나 주소록을 아이폰에서만 관리한다면 주의해야 한다. 그 이유는 두 가지이다.

첫째, 아이폰에서는 입력하기가 어렵다는 점이다. 익숙해지면 꽤 빠른 속도로 문자를 입력할 수 있지만, 컴퓨터 키보드로 입력할 때와 비교하면 역시 느릴 수밖에 없다. 컴퓨터가 옆에 있으면 컴퓨터로 스케줄을 관리하는 편이 바람직하다.

둘째, 데이터가 아이폰에만 있으면 없어질 위험성이 크다. 아이폰에 있는 데이터는 잘 날아간다는 뜻은 아니다. 다만 휴대기기는 가끔 떨어뜨리기도 하고 잃어버리기도 하므로 데이터를 한 군데에만 보관한다는 것은 위험하다는 의미이다. 스케줄이나 주소록과 같은 중요한 데이터는 별도의 장소에 백업해두어야 한다.

아이폰은 컴퓨터와 연동해서 사용해야 한다.

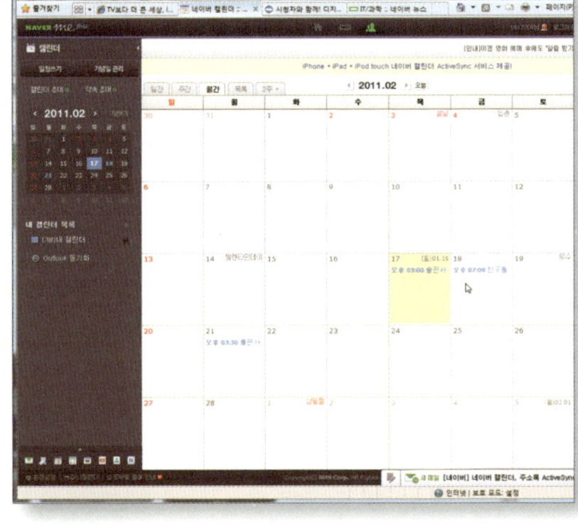

아이폰과 연동하는 컴퓨터 캘린더 화면

15 넷서비스로 약속이 겹치지 않도록 한다

컴퓨터와 연동하는 일 자체는 쉽다. 아이폰과 컴퓨터를 USB 케이블로 연결하고, 애플의 음악 관리 소프트웨어인 아이튠즈(iTunes)로 연동 설정을 해주면 된다. 하지만 필자는 케이블 연동 방법은 보조적으로만 사용할 뿐, 보통은 다른 방법을 쓴다. 바로 넷서비스를 이용하는 방법이다.

케이블을 사용하는 방법은 케이블로 컴퓨터와 연결했을 때에만 데이터를 주고받을 수 있다는 커다란 단점이 있다. 아이폰과 같은 스마트폰의 전신이라 할 수 있는 PDA(personal digital assistant)로 스케줄이나 주소록을 관리했던 때에는 종종 다음과 같은 사고가 일어나곤 했다.

외출했다가 뜻하지 않은 약속이 잡혀서 일정을 PDA에 입력한다. 그 후 집에 돌아와서 컴퓨터로 업무를 보다가, 다른 약속이 생기면 컴퓨터상의 스케줄 소프트웨어에 기록한다. 사실 이 두 가지 약속은 같은 날 같은 시간에 잡힌 것이지만, 깜빡하고 PDA를 컴퓨터와 연결하지 않았기 때문에 약속이 겹친 것도 알아차리지 못한 채 일을 진행하게 된다. **컴퓨터와 다른 기기, 혹은 수첩 등 여러 도구로 스케줄을 관리하면, 자칫 잘못하다가 약속이 중복돼버릴 가능성이 크다.** 케이블을 이용해서 컴퓨터와 연계하는 방법은 이와 같은 단점이 있고, 아이폰도 케이블을 이용하는 한 그러한 단점을 피해갈 수 없다. 데이터를 일원화해서 관리할 수 있는 넷서비스를 활용하는 것이 좋다.

➡ 컴퓨터와 아이폰의 스케줄 데이터를 동기화하는 방법

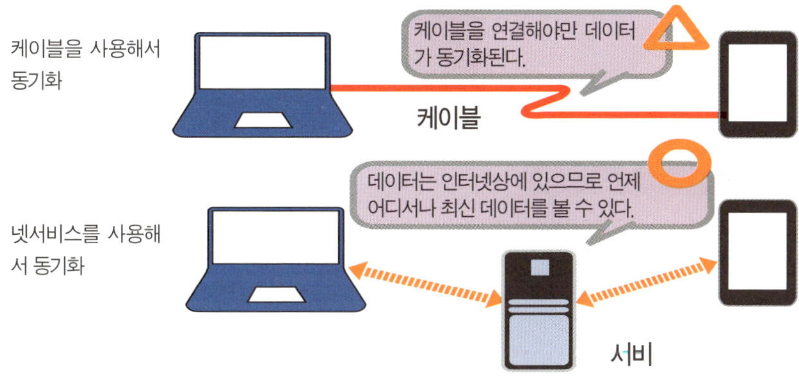

16 구글과 네이버 me, 어느 쪽이 좋은가?

스케줄 관리를 위해 아이폰 [캘린더]와 컴퓨터를 넷서비스로 연동하는 데는 [구글 캘린더]나 네이버의 [네이버 me]를 이용하는 방법이 있다.

[구글 캘린더]와 [네이버 me] 모두 설정은 쉽다. 구글 캘린더는 61페이지의 따라하기 07 번 과정에서처럼 [캘린더]를 동기화하기만 하면 된다. 네이버 me는 오른쪽 페이지에서 바로 설명하겠다.

필자가 사용하는 것은 네이버 me이다. 네이버 me는 네이버에서 제공하며 무료로 이용할 수 있다. 모바일 미 등은 1년에 13만 원 가량의 이용료를 내야 하지만 네이버 me는 무료 서비스라는 점에서 활용도가 높다.

네이버 me를 이용하면 웹하드와 같은 N드라이브, 연락처, 메일, 캘린더 등을 연동하여 이용할 수 있다.

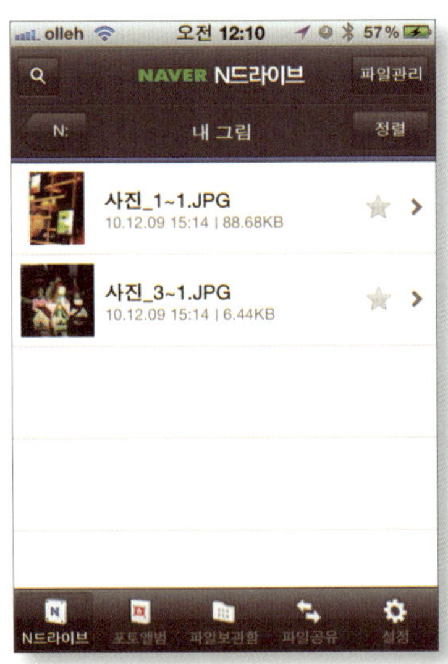

컴퓨터와 아이폰에서 N드라이브를 이용하는 화면이다.

네이버 계정 추가하기

01 홈 화면에서 [설정]-[Mail, 연락처, 캘린데]를 터치하여 [Mail, 연락처, 캘린데] 화면이 표시되면 [계정 추가]를 터치한다.

02 [계정 추가...] 화면이 나타나면 [Microsoft Exchange]를 터치한다.

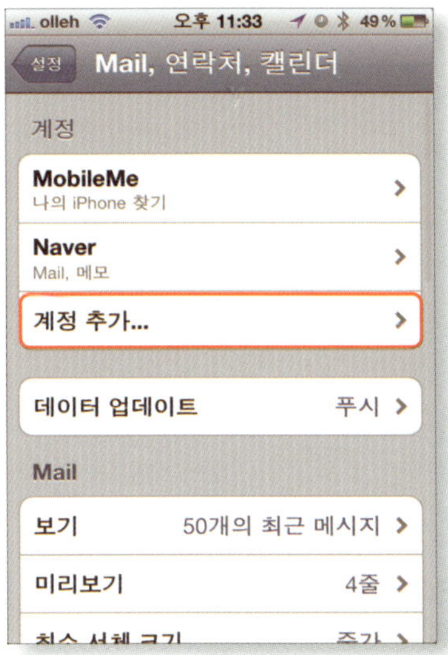

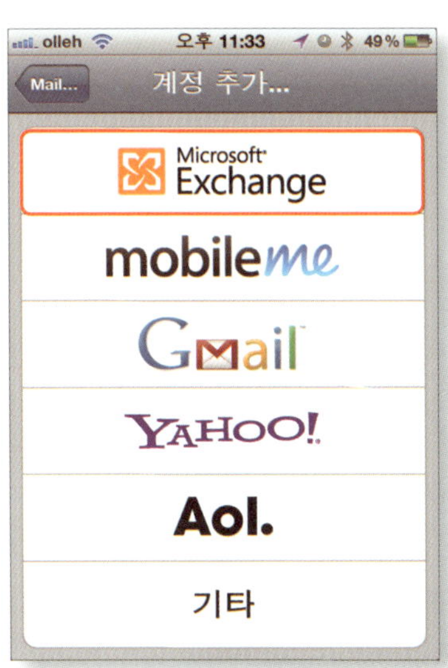

03 [Exchange] 화면이 표시되면 이메일, 사용자 이름, 암호 등을 입력하고 [다음]을 터치한다.

04 다음과 같이 화면이 바뀌면 [서버]에 [async.naver.com]을 입력하고 [다음]을 터치한다.

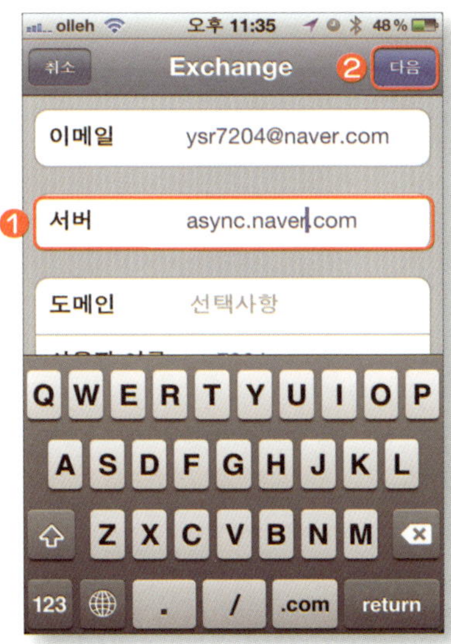

05 [Exchange 계정] 화면이 표시되면 연락처와 캘린더를 'On'으로 설정한다.

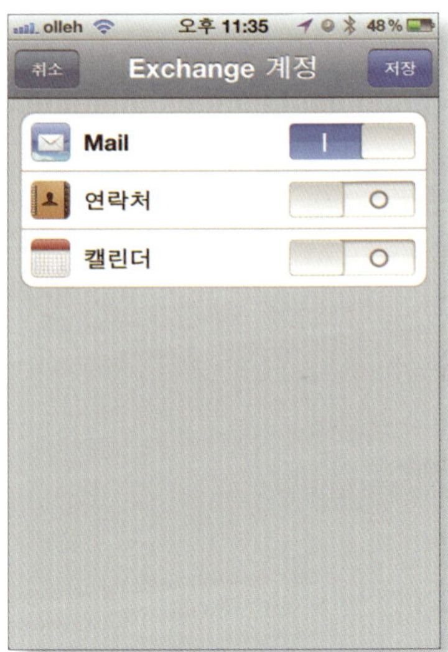

06 연락처와 캘린더를 각각 On으로 설정할 때마다 기존의 로컬 연락처와 캘린더 처리에 관해 물어보는 화면이 나타난다. 각각 선택하여 설정한다.

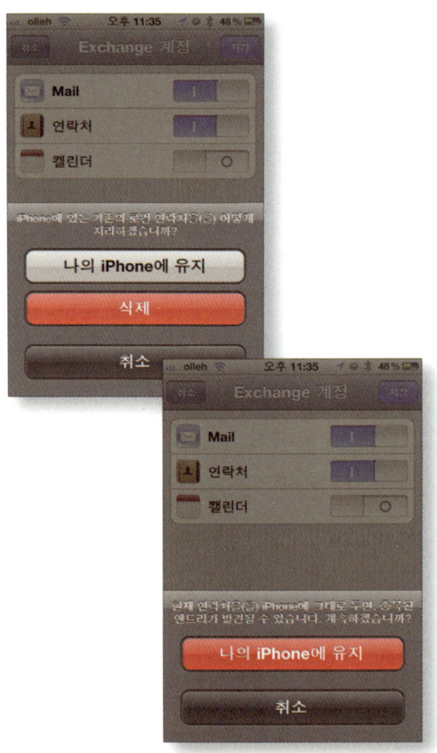

07 Mail과 연락처, 캘린더가 모두 동기화되도록 설정한 후 저장 을 터치한다.

08 추가된 Exchange 계정(여기서는 네이버 계정)을 확인할 수 있다.

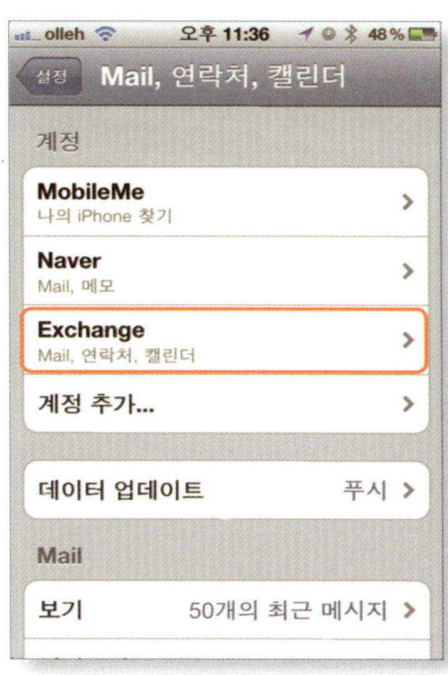

09 네이버 me에 일정이 입력되어 있다. 다시 아이폰의 [캘린더]를 실행해보자. 네이버 연락처에서 설정한 일정을 바로 확인할 수 있다. 네이버 me에 입력한 캘린더 내용이다.

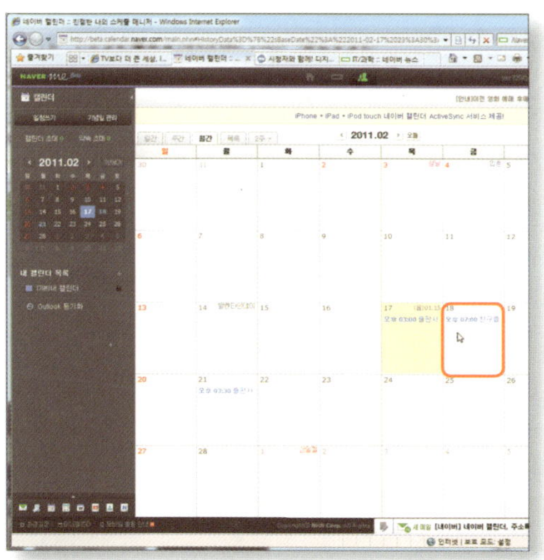

17 아이폰 [캘린더]를 [목록]으로 표시하기

스케줄 기능을 사용하는 구체적인 방법과 테크닉을 살펴보겠다.

필자는 스케줄 기능을 사용할 때 컴퓨터와 아이폰에서의 표시 형식을 서로 다르게 한다. 컴퓨터에서는 종이 달력처럼 [월]로 사용하는 데 반해, 아이폰에서는 [목록]으로 사용한다. [목록]은 일정을 압축해서 보여주어 최근 있었던 일을 한눈에 알 수 있다.

표시 형식을 서로 다르게 하는 이유는 컴퓨터와 아이폰의 역할이 다르기 때문이다. 아이폰은 항상 가지고 다니며 바로 다음 약속을 대비하기 위해 사용하는 도구이다. 이에 비해 컴퓨터의 스케줄 기능은 업무를 하는 도중 앞으로의 스케줄은 어떻게 되는지 확인하기 위해 사용할 때가 많다.

그렇다면 아이폰에서 살펴보고자 하는 것은 오늘 해야 할 일, 내일 가야 할 곳과 같은 가까운 미래에 관한 정보이고, 컴퓨터에서 살펴보고자 하는 것은 이번 달이나 다음 달 스케줄과 같은 광범위한 기간의 전반적인 정보라고 할 수 있다. 한마디로 때에 따라 필요한 정보를 바로바로 볼 수 있도록 하기 위해서이다. 특히 아이폰을 활용할 때는 단기 작업에 집중해서 업무를 신속히 끝내겠다는 의식도 작용한다.

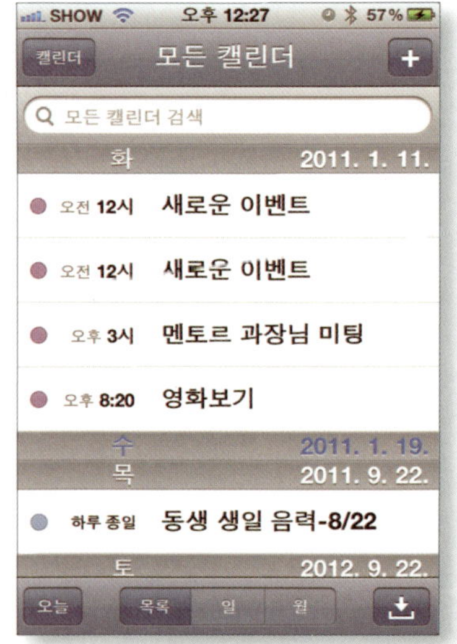
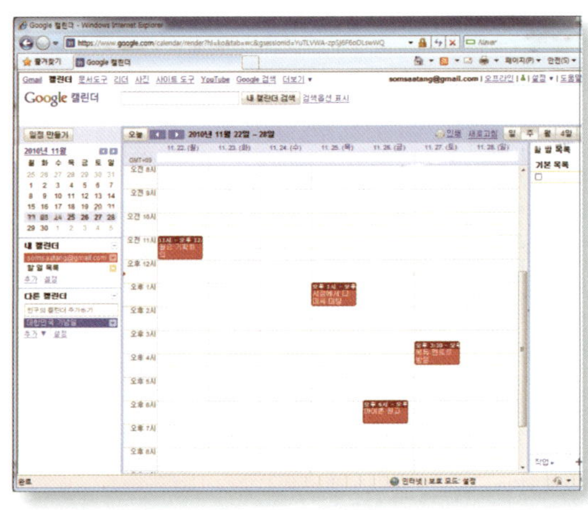

아이폰의 [목록] 표시와 컴퓨터의 [월] 표시 화면

18 스케줄의 내용란에는 만날 사람의 이름도 적는다

[캘린더]를 사용할 때 주의해야 할 점이 한 가지 더 있다. 새로운 스케줄을 입력할 때 만날 사람의 이름이나 부서명도 같이 적어야 한다는 점이다. 이를 메모란에 적는 사람이 많은데 그러면 한눈에 알아보기 불편하다.

필자는 여러 가지로 시도해본 뒤, 내용란에 만날 장소뿐 아니라 만날 사람까지 같이 적기로 했다. 그러나 만날 장소의 상세 주소까지는 적지 않는다.

조금 별난 방법 같아 보이지만, 절대 그렇지 않다.

이런 방식은 아이폰의 [캘린더]만 보고도 어디서 누구를 만나야 하는지 한눈에 알 수 있다는 장점이 있다. 아이폰의 [캘린더]에는 용건 제목을 적는 줄 밑에 한 줄이 더 있다. 이곳에 어디에서 누구와 만날지 간략하게 적어두면 앞으로 어떤 스케줄이 예정되어 있는지 한눈에 알아볼 수 있다.

이때 상세 주소를 적지 않으면 약속 장소를 찾아가는 데 불편하지 않을까? 생각하는 사람이 있겠지만 Gmail만 잘 활용하면 전혀 불편하지 않다.

업무 약속 직전에 만날 사람의 이름으로 메일 전체를 검색해 본다. 그러면 당연히 방문할 곳의 주소와 부서명 등이 검색되고, 그것을 단서로 약속 장소에 찾아갈 수 있다.

종이 수첩 시대에는 수첩에 적힌 것이 전부였다. 필자도 종이 수첩이 새까매질 정도로 스케줄을 빽빽이 적던 시기가 있었다. 하지만 아이폰을 사용하고 Gmail을 검색해서 일을 처리하게 되자, 정보를 옮겨 적는 작업이 이전보다 훨씬 줄어들었다. 옮겨 적는 데 들이던 시간을 다른 곳에 투자할 수 있게 된 셈이다.

무엇보다, 적어놓은 정보를 잃어버리지나 않을까 걱정할 필요가 없다.

[위치란]에 위치뿐만 아니라 만날 사람의
이름도 함께 입력한다.

앞으로 어떤 스케줄이 예정되어 있는지
한눈에 알 수 있게 하기 위해서는 [목록]
으로 설정하는 것이 가장 좋다.

▲ [목록] 표시 화면

▲ [월] 표시 화면

▲ [일] 표시 화면

19 날마다 발생하는 할 일은 Gmail 보관함에 맡긴다

메일과 스케줄 다음으로 나와야 할 것이 바로 To Do(할 일)이다. 해야 할 일이 대부분 메일로 들어오는 필자는 Gmail 수신함을 일종의 To Do 리스트로 활용한다. 이때 두 가지 간단한 규칙이 있다.

첫째, **중요한 메일에 [별 표시(북마크)]를 한다.** 별 표시는 Gmail 전체에서 중요한 메일을 찾기 위한 간단한 조작 방법이다. 아이폰의 영어판 웹 Gmail에서 중요하다고 생각되는 메일을 발견하면 오른쪽 끝에 있는 ☆ 마크를 터치하여 ★ 표시로 바꾼다. ★ 표시가 붙은 메일을 전부 불러오려면 메뉴에서 [Starred]를 선택하기만 하면 된다. 중요한 약속이나 진행 중인 안건 등은 많아 봤자 수십 건 밖에 안 될 것이다. 그 정도라면 일일이 검색하는 것보다 ★ 표시가 된 메일을 모두 불러와서 시간 순서대로 위에서 쭉 체크해 나가기만 하면 찾고자 하는 메일을 손쉽게 발견할 수 있다.

➡ ★ 표시

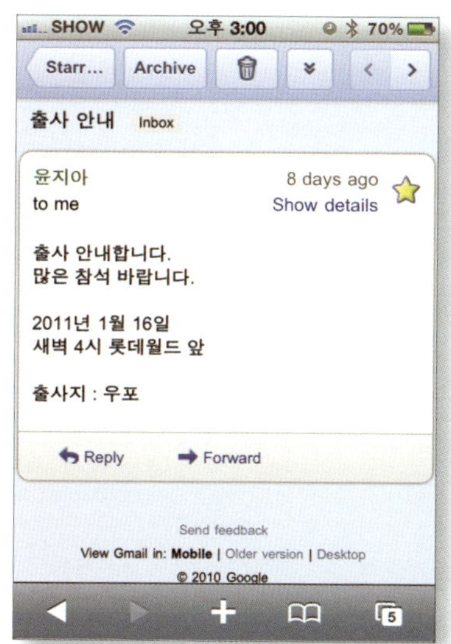

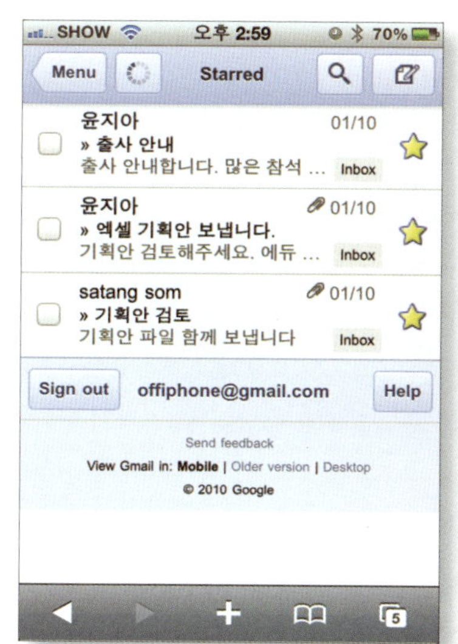

중요한 메일에 [별 표시]를 하면 메뉴에서 [Starred]를 이용해 쉽게 불러올 수 있다.

둘째, 처리한 메일은 Archive(보관처리)해서 Inbox에서 지운다. Gmail은 대량의 메일을 삭제하지 않고 보존할 수 있지만, [수신함]에 많은 메일을 쌓아두면 어수선해지는 데다가 필요한 메일을 찾기도 어려워진다. 아무리 검색 기능이 강력한 Gmail이라도 매번 일일이 검색하기는 여간 성가신 일이 아니다. 검색하지 않아도 쉽게 메일을 찾을 수 있을 만큼 평소에 깔끔히 정리해두는 것이 중요하다.

다 읽은 메일을 삭제하지 않고 보관처리(Archive)로 이동시키면 [수신함]을 깨끗한 상태로 유지할 수 있다. 이 방법은 메일을 정리하는 동시에, 해야 할 일을 자동으로 추려내기 때문에 매우 효율적인 기술이다.

Gmail은 저장용량이 많아 거의 모든 메일을 저장할 수 있다. 휴지통으로 보내 지운 편지는 30일 만에 자동으로 삭제되지만 보관처리한 편지는 All mail(전체 보관함)에 영원히 저장된다. 나중에 언제든지 다시 찾아볼 수 있다.

사소한 일들도 수신함에서 관리할 수 있다.

예를 들어, '은행에 들르기', '택배 받기' 같은 자질구레한 일을 해야 하면 자신의 메일 주소로 제목을 '해야 할 일'로 해서 메일을 보낸다. 메모지와는 달리 잃어버릴 염려도 없고, 아이폰만 있으면 언제 어디서나 용건을 추가할 수 있다는 장점이 있다.

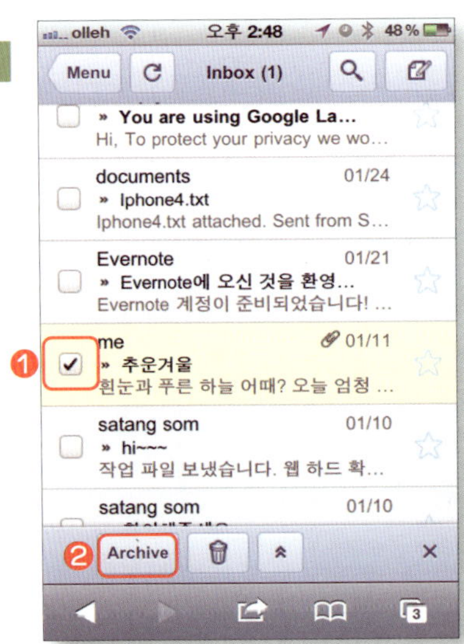

메일을 선택한 다음 [Archive]를 터치하면 [All Mail]로 메일이 이동된다.

20 [캘린더]에 마감일도 적어둔다

할 일 중 **마감일은 [캘린더]에도 적어두는 것이 좋다.** 작업을 여러 개 병행할 때는 마감일 관리가 중요하다.

필자에게 마감일이 발생하는 주된 작업은 원고 집필인데 1주일, 1개월, 또는 3개월까지 일에 따라 다양한 작업 기간을 갖게 된다. 그래서 마감일 전에 일할 시간을 확보해야 한다는 의미를 담아서 마감일을 캘린더에 적어둔다. 이렇게 하면 매일 캘린더를 들여다보며 필요한 시간, 주어진 시간을 확인할 수 있다.

정확한 마감 시간이 있을 때는 시간까지 입력하고, 마감 시간이 없으면 하루 종일로 입력한다.

마감일에 맞추어서 기획 아이디어를 제출해야 할 때도 같은 방법을 쓰면 좋다. 아이디어를 생각하는 데에도 나름대로 시간이 필요하기 때문이다.

캘린더에 마감일을 입력하여 시간을 관리하면 효율적이다.

21 정기적인 일은 [리멤버 더 밀크]로 관리한다

To Do에는 사소하지만 정기적인 To Do도 있다. 청구서 발행, 각종 요금 결제, 쓰레기봉투 내놓기 등 일상적으로 해야 하는 작업들이 그 예이다. 반복되는 일이기 때문에 메일로 관리하기가 어렵고, 앞에서 설명한 마감일과 함께 관리하면 작업이 늘어난 듯한 느낌이 들어서 한눈에 파악하기도 쉽지 않다. 그래서 '정기적으로 할 일'은 별도의 '할 일 관리 서비스'로 관리하는 것이 좋다.

필자가 To Do 관리에 사용하는 것은 [리멤버 더 밀크(remember the milk)]라는 웹 서비스이다.

이 서비스는 아이폰이나 컴퓨터와 연계가 잘되고 한국어 지원이 되므로 영어가 서툰 사람도 문제 없이 사용할 수 있어 누구나 손쉽게 활용할 수 있다.

리멤버 더 밀크의 기본적인 서비스는 무료이지만, 아이폰 전용 앱으로 사용하기 위해서는 1년에 25달러의 유료 서비스 [pro account]를 신청해야 한다. 이 앱의 유료 서비스를 사용하면 웹 기반의 리멤버 더 밀크를 이용하는 것보다 속도가 빠르고 작동법이 간편하며 아이폰이 인터넷에 연결되어 있지 않을 때도 To Do를 확인하거나 입력할 수 있어서 편리하다. 여기서 설명하는 것은 무료 서비스다.

Remember the Milk 사용하기

[remember the milk]를 사용하여 할 일을 관리하는 방법에 대해 알아보자. 가입 등은 컴퓨터에서 편하게 하고, 가입한 다음에는 아이폰에서 사용하는 방법에 대해 알아본다.

01 [remember the milk]를 사용하기 위해서는 먼저 가입을 해야 한다. [https://www.rememberthemilk.com]에 접속한 다음 [지금 가입하세요!]를 클릭한다.

02 가입 화면이 표시되면 이름과 사용자명, 비밀번호 등 빈 칸을 모두 채우고 [가입] 단추를 클릭한다.

03 계정을 만든 다음 로그인 단추를 클릭하여 로그인을 하면 다음과 같이 [remember the milk] 화면이 표시된다. 이제부터 할 일을 입력하고 관리한다.

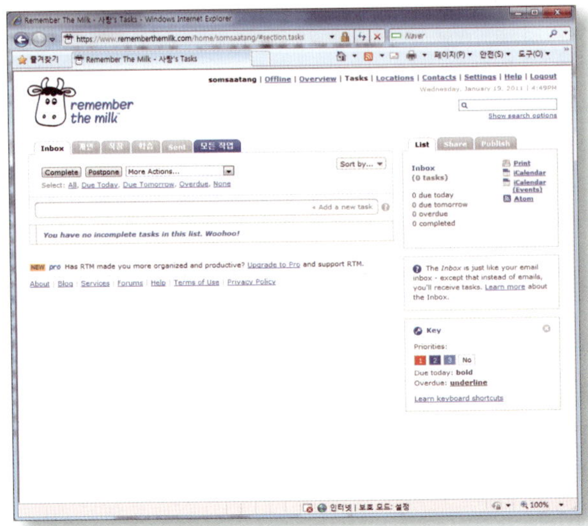

04 처음 시작하면 서비스 화면이 영어로 표시된다. 영어 표현을 한글로 바꾸기 위해 화면 위쪽의 [Settings]를 클릭한다. 화면이 바뀌면 [Language]를 클릭하고 '한국어'를 선택한 다음 [Save Changes] 단추를 클릭한다.

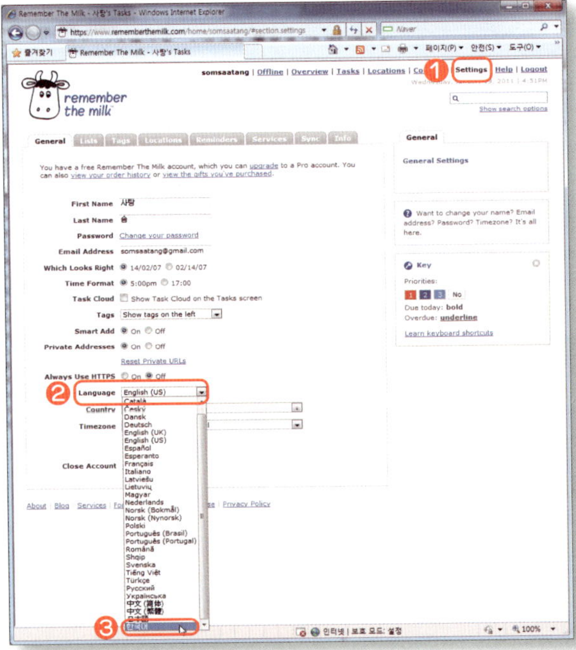

05 [받은 할 일], [개인], [직장] 탭 등을 클릭하여 할 일을 입력할 수 있다. 먼저 여기서는 [받은 할 일] 탭을 클릭해보겠다. [할 일 추가] 입력 상자를 클릭한다.

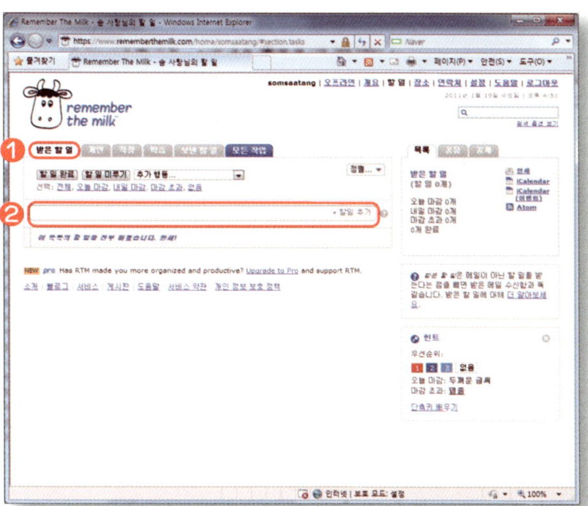

06 내용을 입력하고 [Enter]를 누른다.

07 입력 상자 바로 아래에 할 일 목록이 표시된다. 할 일 목록을 클릭하고 오른쪽의 할 일에서 세세한 내용들을 설정할 수 있다. 여기서는 마감일을 지정해보겠다. [할 일]의 [마감]을 클릭한다.

08 날짜 입력란이 나타나면 날짜를 직접 입력한다. 할 일을 제대로 끝냈으면 [할 일 완료]를 클릭한다. 할 일 목록에서 사라진다.

09 이번에는 아이폰에서 사용하는 방법에 대해 알아보자. [App Store]에서 [remember the milk]를 검색하여 설치한 다음 실행한다.

10 [계정 정보를 입력하십시오.] 화면이 표시되면 앞에서 만든 사용자명과 암호를 입력하고 [로그인]을 터치한다.

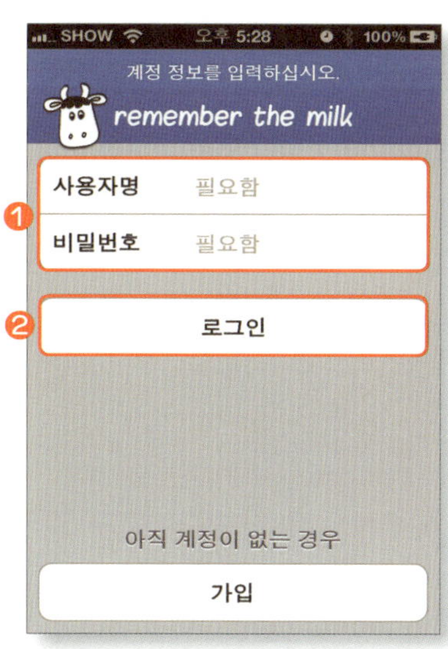

11 [remember the milk] 앱이 실행되면 컴퓨터에서 입력한 할 일이 함께 표시되는 것을 알 수 있다.

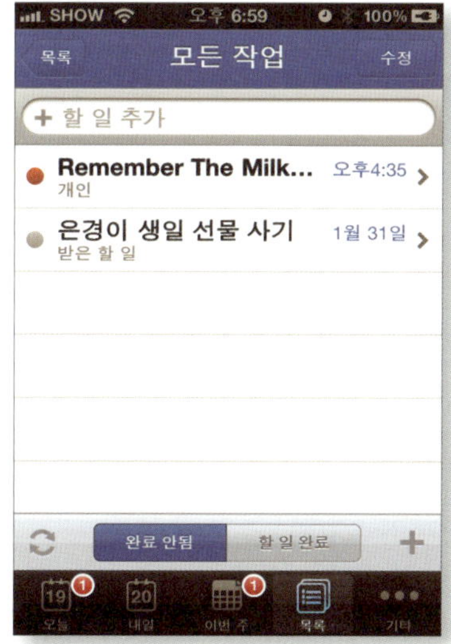

정보 수집력을
열 배 높이는 활용술

22 뉴스 체크는 웹브라우저로 하지 않는다

최근 일상적인 정보원은 역시 웹이다. 아이폰은 일반적인 휴대폰보다 웹브라우저 능력이 좋고, 보기 쉽다는 것이 특징이다. 출퇴근하면서 정보를 얻기 위해 웹브라우저를 열고 책갈피로 등록한 뉴스 사이트를 읽는 사람을 많이 볼 수 있다.

하지만 이 방법은 전혀 효율적이지 않다.

필자가 사용하는 방법은 RSS 리더이다. RSS란 각 웹사이트의 최신 기사나 제목을 전달해주는 포맷으로, 뉴스 사이트나 블로그에서는 대부분 채택하고 있다. 웹사이트는 사진이나 광고 등이 많아서 필요한 정보를 찾아내는 데 시간이 걸린다. 하지만 RSS 리더를 사용하면 일목요연하게 정리된 정보이기 때문에 필요한 정보를 훨씬 손쉽게 찾아 읽을 수 있다. 또 **전송되는 데이터 양도 적으므로 화면에 표시되기까지의 시간도 짧다.**

이것 말고도 RSS 리더에는 더 깊은 의미가 숨어 있다.

웹에서 정보를 모으면 종이 신문을 읽을 필요가 없다고 생각하는 사람이 많다. 하지만 이것은 틀린 생각이다. 인터넷으로는 자기가 읽고 싶어 하는 정보만 읽는다. 취미로 읽는다면 상관없지만, 정보를 폭넓게 접해야 한다면 이 점은 마이너스다. 자신이 일부러 찾아 읽지는 못하지만 꼭 접해야 되는 정보도 세상에는 많다. 또 이런 정보를 접해야 세상을 보는 시야가 넓어진다.

종이 신문의 장점은 이 세상의 다양한 뉴스를 한데 모아서 게재한다는 점이다. 흥미가 없는 분야라도 제목이 크게 찍혀 있으면 일단 눈이 가게 되고, 자연스럽게 다채로운 정보를 얻을 수 있다. 하지만 웹의 편리함에 젖어 있다 보면 두툼한 종이 신문을 읽기가 귀찮아지기 마련이다.

이러한 점 때문에 RSS 리더의 중요성이 커진다. 가능한 한 많은 뉴스 사이트와 블로그를 등록해두면 **다양한 기사 제목을 통해서 폭넓은 정보를 접할 수 있다.** 이때 업무와 취미 생활에 필요한 전문성 높은 뉴스 사이트뿐 아니라, 일반적인 정보를 담고 있는 사이트까지 망라하는 것이 포인트이다. 필자는 신문사 사이트를 일부러 여러 개 등록했다. 당연히 뉴스가 중복되지만 별 상관 없다. 겉보기에는 똑같아 보이는 뉴스라도 읽어보면 기사의 관점이 서로 다르다는 사실을 알게 되고, 이것은 신문을 비교하며 읽는 효과를 가져다준다.

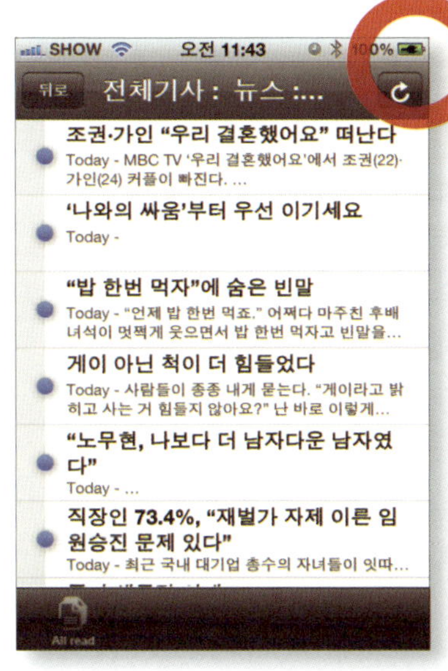

RSS 리더

- 정보를 폭넓게 얻을 수 있다.
- 정보를 손쉽게 살펴볼 수 있다.
- 같은 정보를 비교하며 읽을 수 있다.

웹브라우저

- 읽고 싶은 정보만을 골라 읽기 쉽다.
- 필요한 정보를 찾는 데 시간이 걸린다.
- 정보를 얻는 곳이 한쪽에 치우치기 쉽다.

23 구글 리더로 RSS를 읽는다

모든 RSS 리더가 많은 정보를 짧은 시간 안에 전송해주지는 않는다. 여기서는 구글 리더 웹서비스와 아이폰용 앱 [Free RSS] 사용에 대해 알아본다.
구글 리더는 구글 계정을 가지고 있으면 누구나 이용할 수 있는 서비스이다.

 ## 구글 리더 설정하기

요즘 많이 사용하는 리더인 구글 리더로 정보를 가져오는 방법과 아이폰에서 Free RSS로 정보를 가져오는 방법에 대해 알아본다.

01 구글 사이트에 접속하여 로그인한 다음 [더보기]-[리더]를 클릭한다.

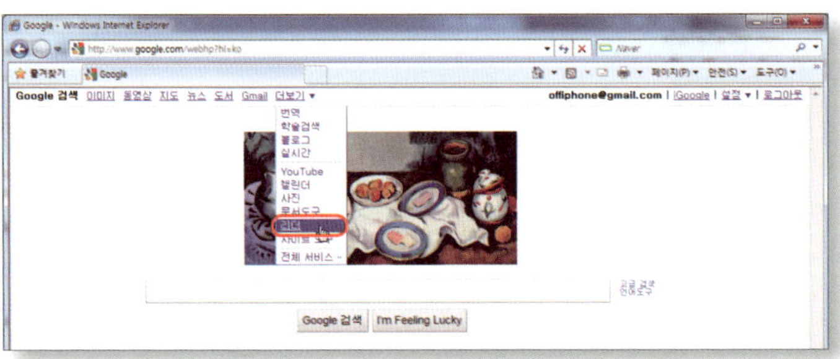

02 Google 리더 화면이 표시된다. 정보를 가져오기 위해 [구독 추가]를 클릭한다.

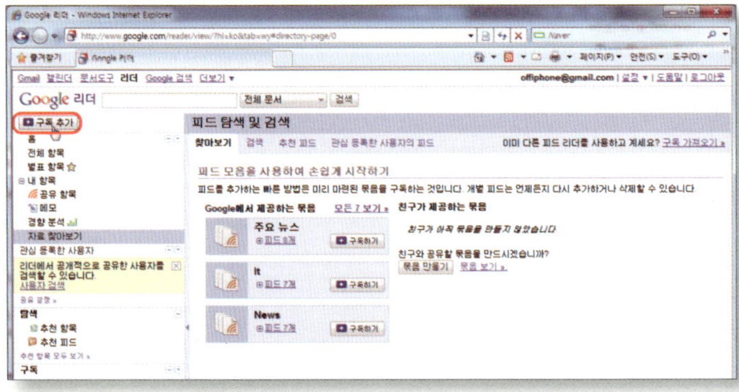

03 읽고 싶은 피드 URL을 입력하고 [추가] 단추를 클릭한다. 여기서는 한겨레 신문의 주소를 넣었다.

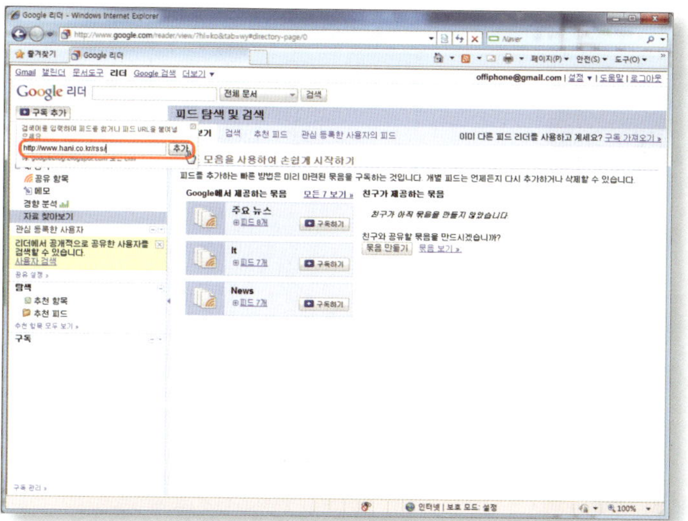

04 구독한 한겨레 뉴스가 표시된다. 다른 신문사들도 추가하여 구독할 수 있다.

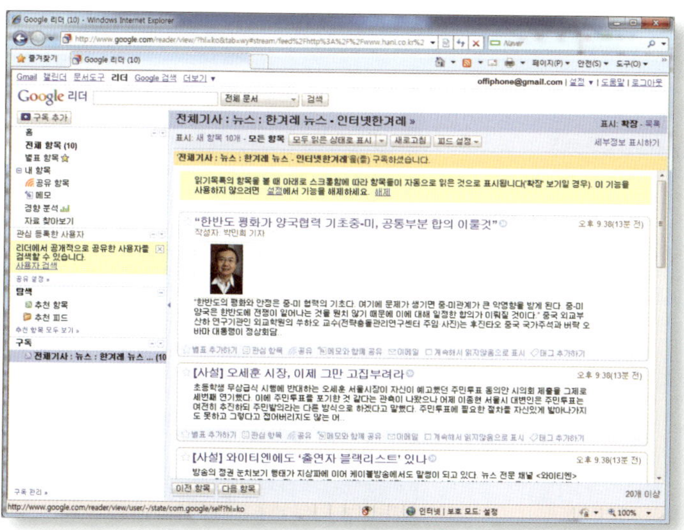

 이번에는 아이폰의 [App Store]에서 [Free RSS Reader]를 다운받아 설치하고 실행한다.

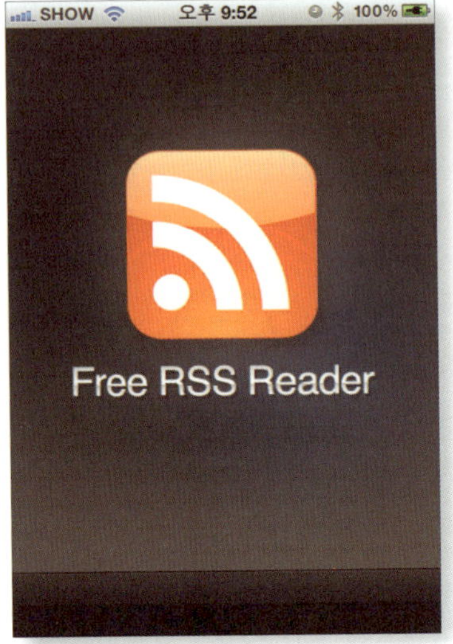

 [Free RSS Reader] 화면이 표시된다. 새로운 피드를 구독하기 위해 +를 터치한다.

 [피드 추가] 화면이 표시되면 [피드 URL 입력]을 터치한다.

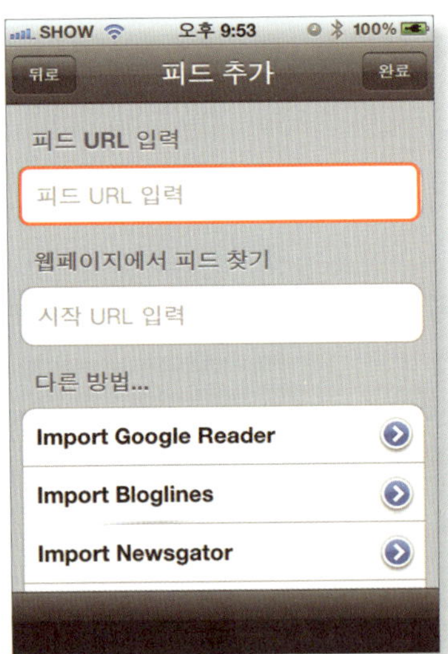

 RSS 주소를 입력하고 [완료]를 터치한다.

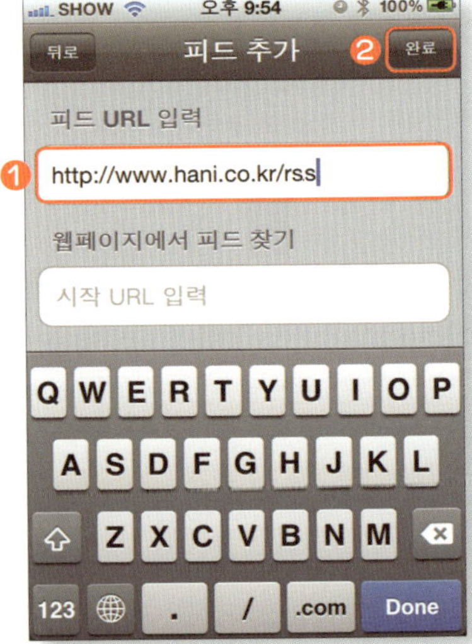

09 구독한 뉴스가 바로 목록으로 표시된다. 터치해보자.

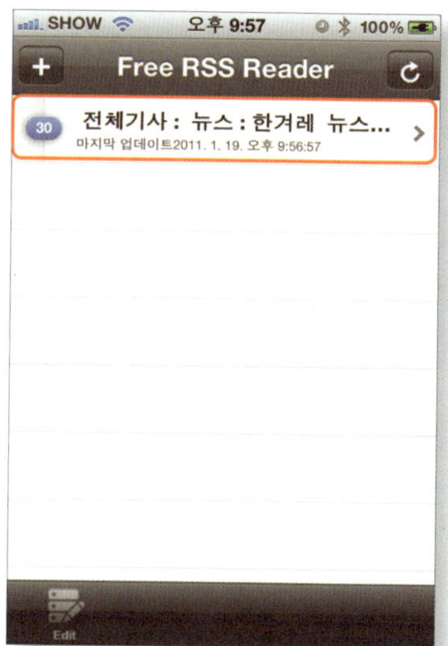

10 뉴스 목록이 표시된다. 보고자 하는 뉴스를 터치한다.

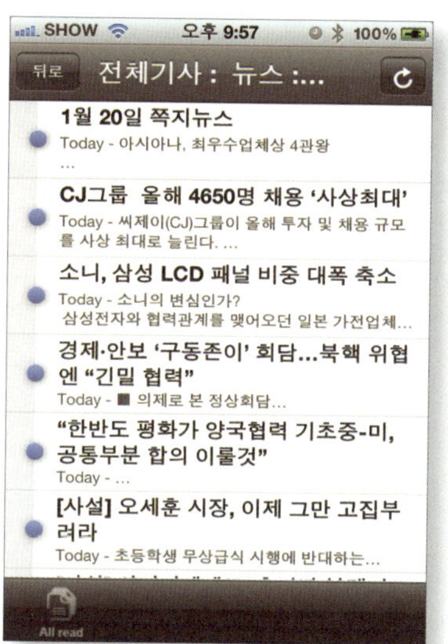

11 뉴스가 앞부분만 표시된다. 자세하게 보고 싶은 경우에는 [View website]를 터치한다.

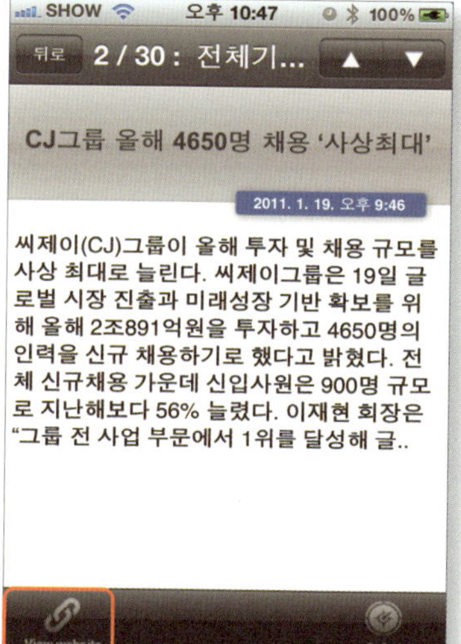

12 해당 사이트에 접속되어 뉴스 전문을 모두 읽을 수 있다.

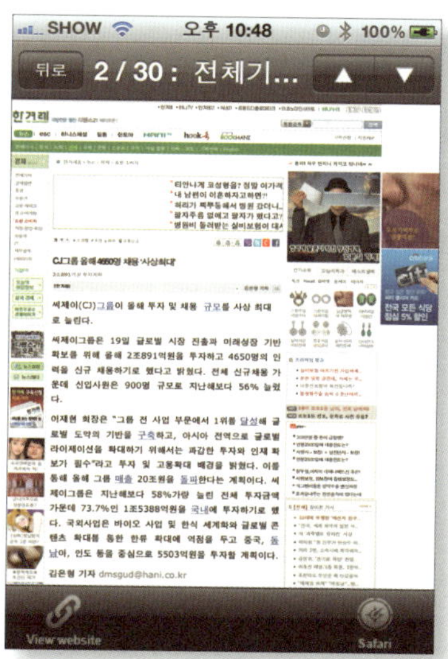

24 정보는 에버노트로 정리한다

정보를 읽다보면 메모나 스크랩이 하고 싶어진다. 이때 필요한 것이 [에버노트(Evernote)]라는 서비스이다. 이 서비스를 이용하면 컴퓨터와 아이폰에서 웹 정보나 사진, 자신이 쓴 텍스트 등을 보관할 수 있다.

이 서비스의 장점은 Gmail과 마찬가지로 **데이터가 모두 인터넷상에 보관된다는 점이다.** 단말기가 고장나도 데이터가 손상되지 않을뿐더러 다른 단말기로도 동일한 데이터에 접근해서 내용을 확인하거나 고칠 수 있다.

필자는 메일을 삭제하지 않고 모두 보관해두는 것이 철칙인데, 메모도 그렇게 해야 된다고 생각한다. 약속들을 적은 메모, 아이디어 메모, 웹 정보 등을 모두 남겨놓으면 나중에 새로운 아이디어를 짜낼 때 그 메모들을 적절히 활용할 수 있다. 물론 컴퓨터나 아이폰이 옆에 없을 때도 있고, 바쁘게 생활하다 보면 메모를 하지 못할 때도 있다. 그렇기는 하지만 에버노트는 아이디어 상자로 활용되기에 조금도 손색없는 도구임에는 분명하다.

많은 메모 서비스 중에서도 유독 에버노트를 권하는 이유는 아이폰 전용 앱이 있기 때문이다. 웹브라우저로 에버노트 페이지를 직접 열어서 이용할 수도 있지만, **앱을 활용하면 메모 데이터를 아이폰에도 임시 보관할 수 있고, 인터넷에 연결되어 있지 않을 때도 정보를 읽거나 추가할 수 있다.** 또 문서 작성 도구로도 제법 괜찮다(이 점에 관해서는 제3장에서 자세히 설명하겠다). 인터넷이 잘 안 되는 곳에서도 아이폰을 쓸 경우가 있기에 아이폰 전용 앱을 쓰는 게 좋다.

또 앱 가격도 무료이다. **에버노트 자체적으로 한 달에 데이터 전송량 40MB까지 무료로 이용할 수 있다.** 전송하는 정보가 대부분 텍스트라면 한 달에 40MB를 초과하는 일은 아마 없을 것이다. 하지만 사진이 많이 포함된 정보를 다루고 싶다면 한 달에 500MB를 전송할 수 있는 프리미엄판(한 달에 5달러 또는 1년에 45달러)을 이용하는 것이 좋다. 어느 서비스든 한 달 전송량에 제한이 있을 뿐, 데이터의 총량에는 제한이 없다.

그럼, 아이폰으로 정보를 수집할 때 에버노트를 어떻게 활용하면 좋을지 구체적인 방법을 살펴보겠다.

가장 단순한 방법은 '웹 정보를 복사해서 붙여넣기'이다. RSS 리더로 체크하거나 웹브라우저로 읽은 정보를 복사해서 붙여넣는 것이다. 다만 필자는 아이폰상에서 에버노트로 웹 정보를 붙여 넣는 작업은 별로 하지 않는다. 복사해서 붙여넣는 절차가 컴퓨터에 비해 복잡하고 시간이 더 걸리는 데다가 아이폰용 앱에서는 문자밖에 붙여넣기가 안 되기 때문이다. 웹에서 스크랩하는 작업은 솔직히 컴퓨터로 하는 편이 더 낫다. 컴퓨터에서는 사진도 붙여넣을 수 있고, 붙여넣는 방법 자체도 간단하다. 아이폰에서 하는 스크랩 작업은 어쩔 수 없을 때를 대비한 최후의 수단이라고 생각하는 편이 좋다.

아이폰에서 에버노트는 다음 장에서 설명할 조금 다른 형태의 정보 수집에 활용할 수 있다.

➡ 메모와 정보를 인터넷상에 보관한다

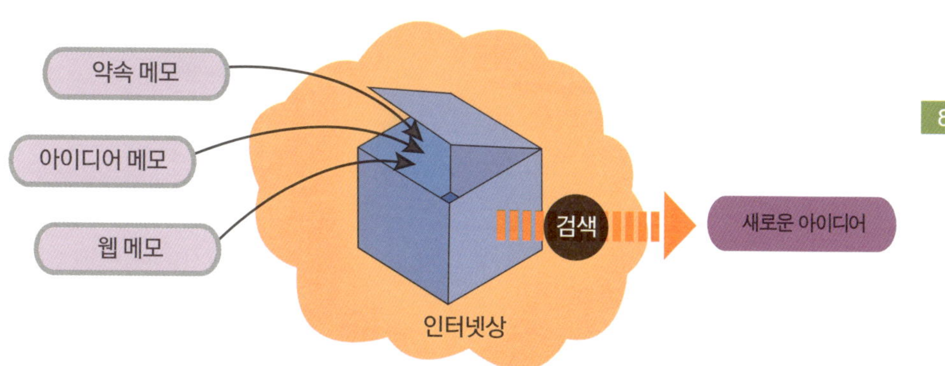

컴퓨터에서 에버노트 실행하기

에버노트를 사용하기 위해서는 먼저 가입을 해야 한다. 아이디와 비밀번호, 이메일 주소 등만 있으면 가입할 수 있다.

01 [http://www.evernote.com] 사이트에 접속하여 [지금 다운로드] 단추를 클릭한다. 컴퓨터에서 이용하기 위해서는 먼저 프로그램을 설치해야 한다.

02 [파일 다운로드] 대화상자가 나타나면 [실행]을 클릭하여 설치한다. 설치는 거의 자동으로 진행된다.

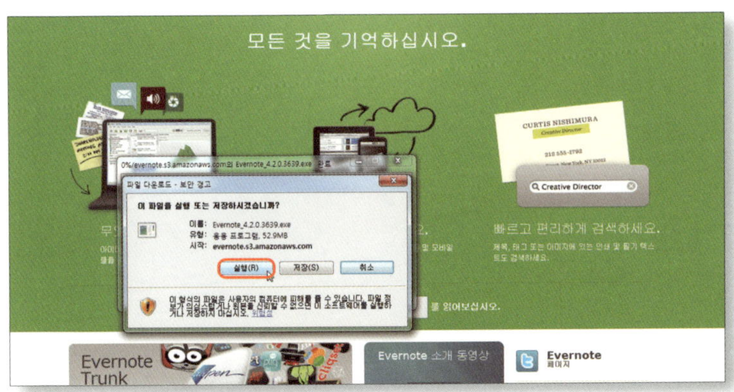

03 설치가 모두 끝나면 자동으로 다음과 같은 화면이 표시된다. 이미 가입되어 있다면 사용자 이름과 암호를 입력하면 되고, 없으면 [Evernote 무료 계정 만들기]를 클릭한다.

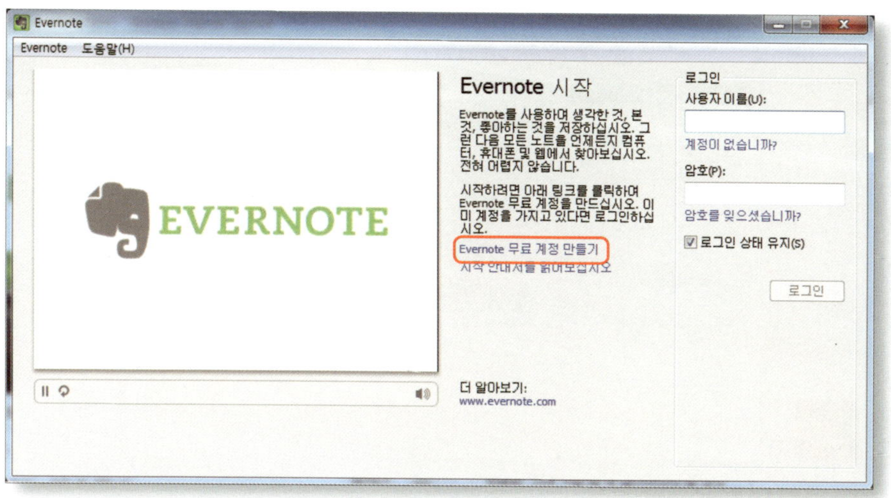

04 [Evernote 등록] 창이 나타나면 이름과 메일 주소 등을 입력하고 [등록] 단추를 클릭한다.

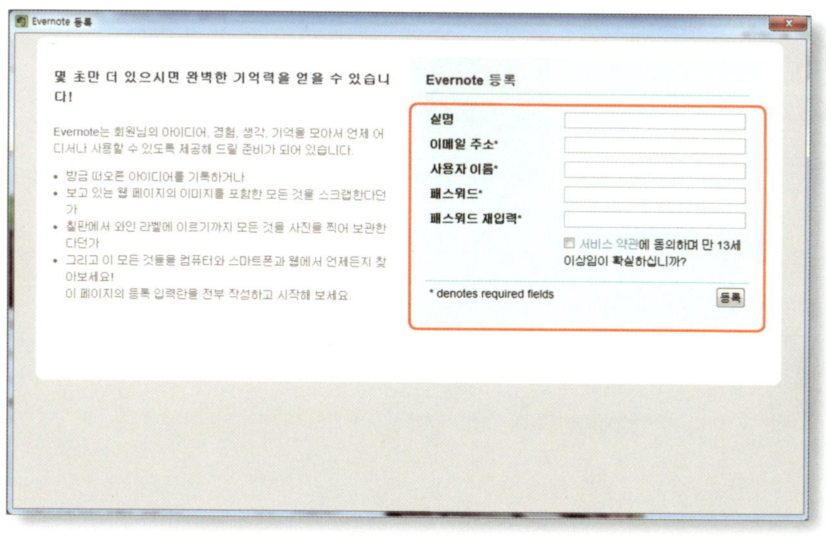

05 컴퓨터에서 Evernote를 실행한다. 이 화면은 인터넷 화면과 아이폰 앱 화면과 동기화 된다. 새로운 메모를 만들기 위해 [새 노트]를 클릭한다.

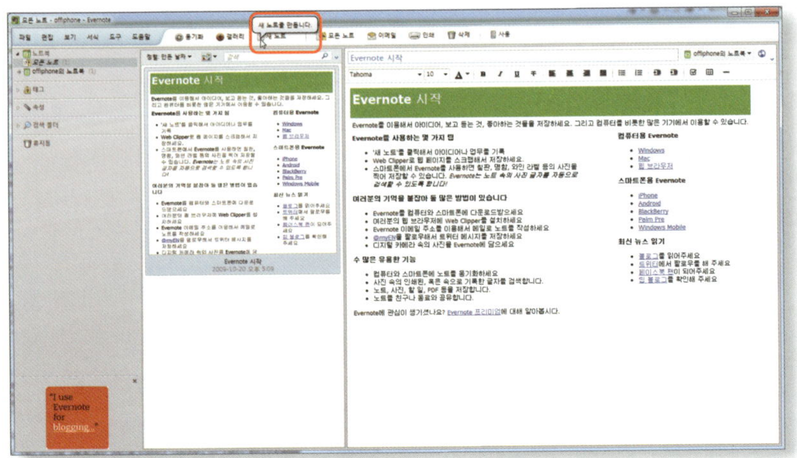

06 새로운 메모를 입력하기 위한 화면이 표시된다. 메모를 입력하기 위해 빈 화면을 클릭 한다.

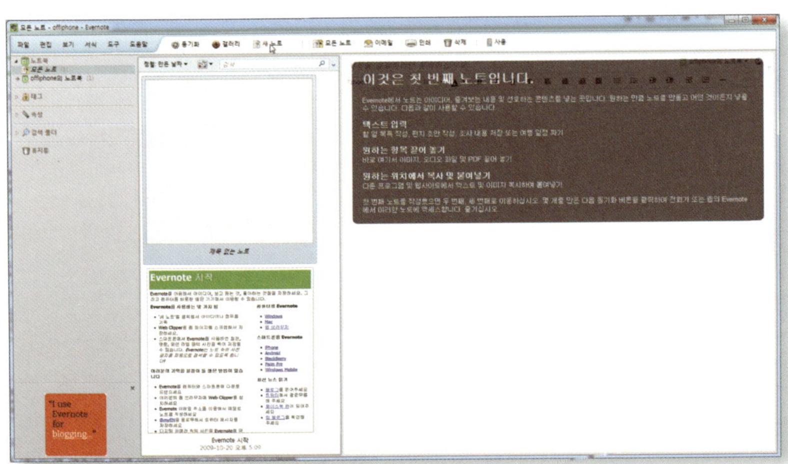

 [제목을 설정하려면 클릭하십시오] 부분을 클릭하고 제목부터 입력한다.

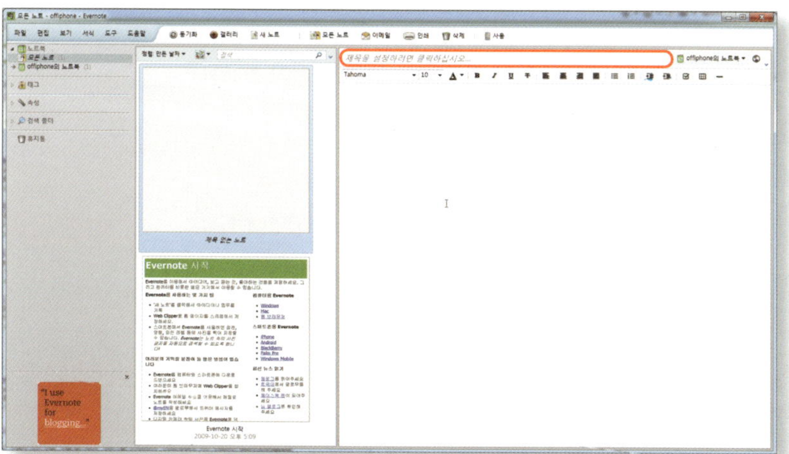

 필요한 메모 내용을 입력한다. 여기에서는 뉴스를 복사해 넣었다.

웹상에서 에버노트 실행하기

스마트폰에서 만든 아이디가 있으면 인터넷에서도 그대로 이용한다.

01 http://www.evernote.com 사이트에 접속하고 [로그인]을 클릭한다.

02 Evernote에 로그인 화면이 표시되면 사용자 이름과 패스워드를 입력하고 [로그인] 단추를 클릭한다.

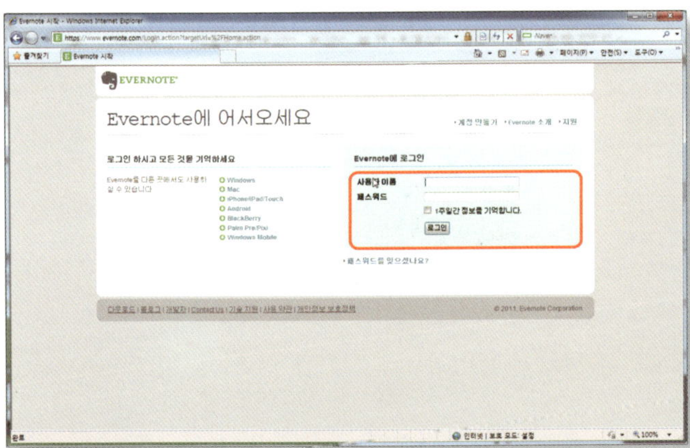

 실행한 화면을 보면 컴퓨터에서 입력한 노트가 그대로 보인다. 입력한 메모를 클릭한다.

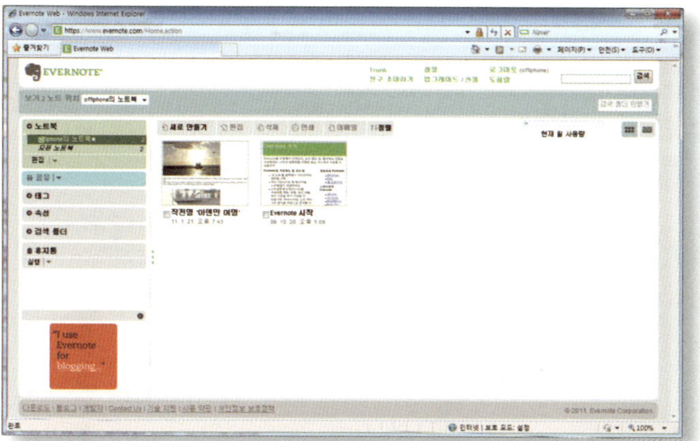

 입력된 노트가 그대로 표시된다.

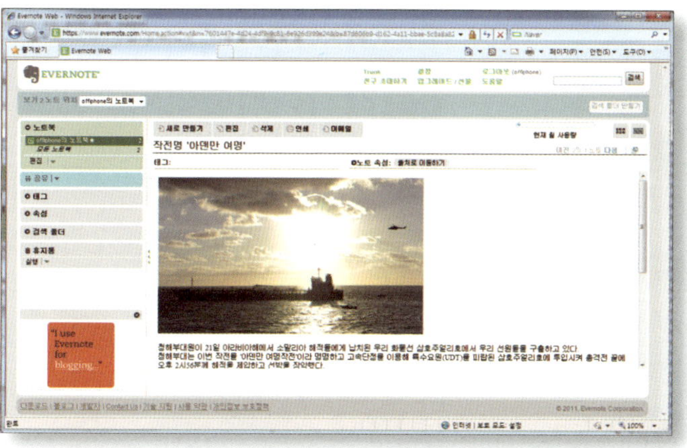

아이폰에서 에버노트 실행하기

아이폰의 App Store에서 [에버노트] 앱을 설치하여 사용한다.

01 [에버노트] 앱을 설치한 다음 처음 실행하면 다음과 같은 화면이 표시된다. 앞에서 계정을 만들었으므로 [로그인]을 터치한다.

02 [Evernote 로그인] 화면이 나타나면 사용자 이름과 비밀번호를 입력하고 [로그인]을 터치한다.

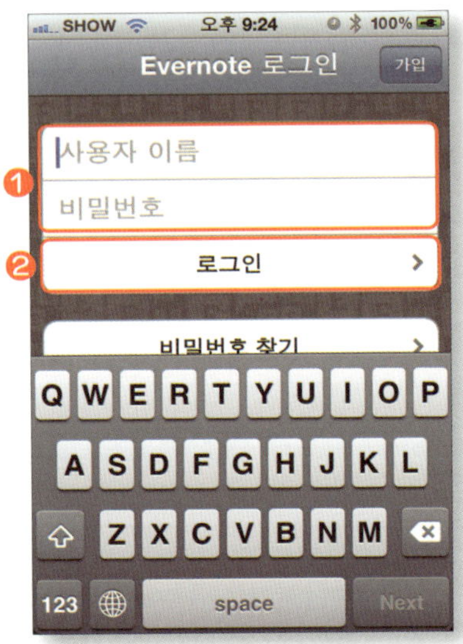

03 [새 노트] 화면이 표시된다. [텍스트]와 [스냅샷 촬영], [카메라 롤] 등의 메뉴가 나타난다.

04 화면 아래의 [노트]를 터치한다. 앞서 컴퓨터에서 입력했던 메모가 그대로 표시된다.

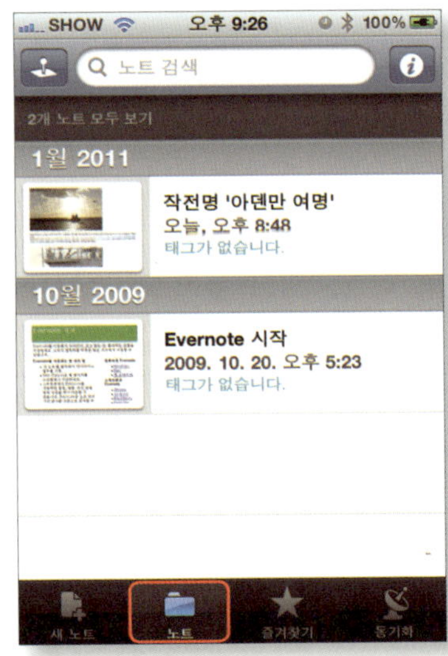

05 다시 [새 노트] 화면으로 돌아가 [스냅 샷 촬영]을 터치하자. 사진을 찍어 메모로 저장할 수 있다. 카메라 아이콘을 터치하여 촬영한다.

06 사용을 터치하면 촬영된 사진이 메모로 저장된다.

07 [노트]에 새로운 메모가 저장되었다는 숫자가 붙는다. 터치해보자.

08 새로 입력한 사진 메모를 볼 수 있다.

25 명함을 일일이 스캔하지 마라!

아이폰과 에버노트를 충분히 활용하고자 할 때 빠질 수 없는 수단이 사진이다. 일단 **명함 관리에 제대로 활용하는 방법을 알아보자.**

많은 사람이 명함 관리에 애를 먹는다. 그래서 명함을 간단히 디지털화한 뒤 쉽게 정리하는 방법이 있었으면 좋겠다는 고민을 누구나 한 번쯤 해봤을 것이다. 이때 에버노트가 큰 역할을 할 수 있다.

명함을 일일이 데이터화한 뒤 에버노트에 등록한다는 말인가하고 반문하는 사람이 있을지도 모르겠다. 하지만 그렇지 않다. 그렇게 많은 정보를 입력하려면 시간이 많이 걸리므로 효율적이지 않다.

필자가 쓰는 방법은 **3단계 데이터화**이다. 뭔가 거창한 말 같지만 실제로 해보면 의외로 간단하고 나름대로 합리적인 방법이다.

1단계, 명함 홀더에 명함을 보관
2단계, 사진을 찍어서 에버노트에 등록
3단계, [연락처]에 전화번호와 주소 등을 등록

이처럼 3단계로 나누어 정리할 수 있다.

그럼 구체적으로 각 단계의 실행 방법을 살펴보자.

우선 다른 사람에게서 받은 명함 중에서 '**한 번 더 연락할 가능성이 있는 사람**', '**이름이나 직책을 확인할 가능성이 있는 사람**', '**절대 잊어서는 안 되는 중요한 사람**'으로 구분하여 정리한다. 이것이 1단계에서 2단계로 넘어가는 후보를 압축하는 조건이다. 뽑아낸 명함은 아이폰의 카메라 앱으로 사진을 찍고 에버노트에 등록한다(등록 방법은 뒤에서 설명한다). 하루에 명함 스무 장을 받았다고 하더라도 2단계로 넘어가는 명함은 많아 봤자 대여섯 장이다. 한 장당 등록 시간이 10초 정도이므로 그다지 부담되는 작업은 아니다.

사진으로 남긴다는 일이 불안하게 느껴질 수도 있겠지만, 아이폰 카메라는 정밀도가 높기 때문에 의외로 문제가 없다. 이름과 주소, 전화번호 등을 눈으로 보고 판별할 수 있다. 제목에는 회사명, 이름, 키워드 등 검색어로 사용할 법한 단어를 입력한다.

나머지 명함은 흔히 사용하는 명함 홀더에 시간 순서대로 정리해서 보관한다. 회사명이나 이름 순서로 보관하지 않는다. 나중에 명함이 필요할 때 명함을 받은 시기를 대충 떠올려서 찾는 것이 쉽기 때문이다. 경험상 종이 명함을 찾아야 하는 일은 몇 개월에 한 번 있을까 말까 하므로, 명함을 일일이 데이터화하는 것에 비하면 그다지 큰 수고가 아니다.

2단계에서 3단계로 압축하는 조건은 명함을 받은 후에 다시 만난 사람이다. 경험상, 다시 만난 사람은 그 후에도 또 만날 가능성이 높다. 이런 사람은 연락처에 들어 있어야 편리하다. 다시 만난 사람은 에버노트의 사진 데이터를 토대로 연락처에 정보를 옮겨 적는다. 3단계까지 가는 사람은 한 주에 겨우 몇 명밖에 되지 않는다. 연락처에 등록하는 작업도 불과 몇 분이면 끝난다.
지금까지 설명한 방식을 그대로 따르다보면 명함이 다음과 같이 정리된다.
- [명함 홀더]에는 모든 종이 명함
- [에버노트]에는 잊어버려서는 안 되는 사람의 정보
- [연락처]에는 자주 만나는 사람의 정보

다음 단계로 넘길지 안 넘길지 판단하는 기준이 명확하고, 입력 작업 자체도 매우 간단하다.

[3단계 데이터화] 테크닉으로 명함을 관리한다

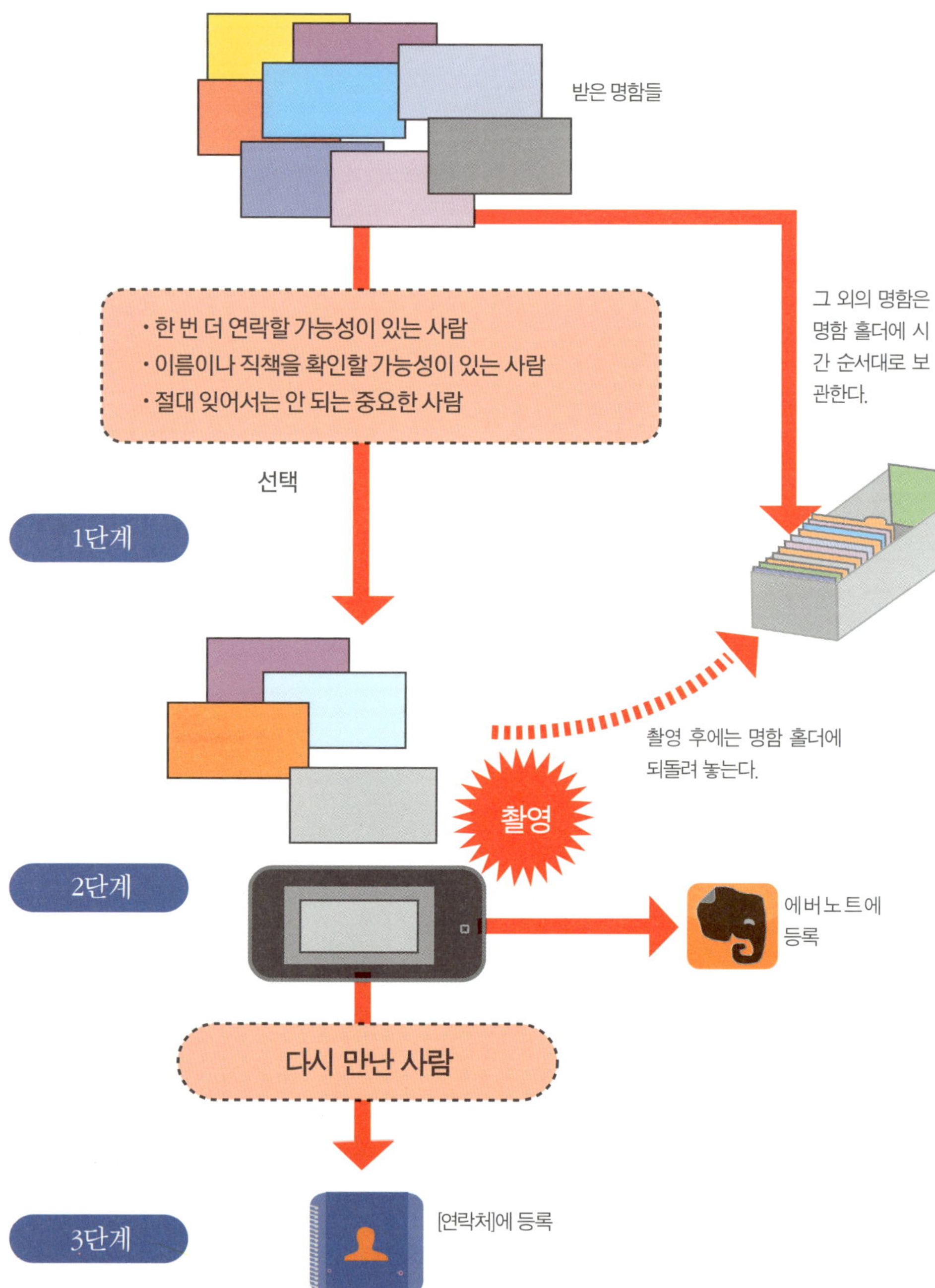
받은 명함들
그 외의 명함은 명함 홀더에 시간 순서대로 보관한다.
· 한 번 더 연락할 가능성이 있는 사람
· 이름이나 직책을 확인할 가능성이 있는 사람
· 절대 잊어서는 안 되는 중요한 사람
선택
1단계
촬영 후에는 명함 홀더에 되돌려 놓는다.
촬영
2단계
에버노트에 등록
다시 만난 사람
3단계
[연락처]에 등록

26 [Genius Scan]으로 명함을 깔끔하게 촬영한다

명함을 그림 파일로 만들어서 에버노트에 등록하는 방법을 설명한다. 앞에서 말한 것처럼 아이폰의 카메라 기능을 사용하면 간단하다.

가장 쉬운 방법은 에버노트의 스냅샷으로 카메라 기능을 불러와서 명함을 근접 촬영하는 것이다. 아이폰의 오토 포커스나 매크로 기능으로 아주 간편하면서도 깔끔하게 촬영할 수 있다.

하지만 현재 필자는 다른 앱의 힘을 빌려 더욱 쉬운 방법으로 선명한 사진을 촬영해서 등록 작업을 한다.

여기서 사용하는 앱은 [Genius Scan]이다. 이 앱은 일그러진 사진을 깔끔하게 보정해준다. 카메라 기능으로 명함을 촬영하면 사진에 어느 정도 왜곡이 생기게 마련이다. 하지만 Genius Scan을 사용하면 마치 스캐너로 촬영한 것처럼 깨끗하고 반듯하며 읽기 쉬운 사진을 얻을 수 있다.

과정은 아이폰 표준 카메라로 등록하고자 하는 명함을 촬영한 다음 Genius Scan에서 수정해도 되고, Genius Scan에서 직접 촬영한 다음 수정해도 된다. 이때 화면의 기울기는 그다지 신경 쓸 필요가 없다. 너무 흐릿하게 찍지 않기, 명함의 일부가 잘리지 않게 찍기라는 원칙만 지키면 된다.

이제 Genius Scan 앱을 실행하여 명함을 촬영하고 정리한다.

이 방법은 네모난 종이라면 어떤 것에든 응용할 수 있다. 해상도는 조금 부족하고 디테일한 부분은 읽기 어렵겠지만 A4 용지까지도 가능하다.

가장 좋은 활용 예로는 에버노트에서 장서 데이터베이스를 만드는 것이다. 구입한 책 표지를 아이폰 카메라로 촬영하고 Genius Scan으로 보정한 후 등록한다. 이렇게 정리해놓으면 예전에 사두었던 책을 잊어버리고 또 다시 구입하는 실수를 막을 수 있다. 이 앱은 무료이다.

 ## Genius Scan 사용하기

App Store에서 설치한 다음 이용한다. Genius Scan 앱은 무료지만 명함 사진을 깨끗하게 보정해준다.

01 Genius Scan 앱을 실행하면 [Camera]와 [Library] 아이콘이 표시된다. [Camera]를 터치하면 직접 문서를 찍을 수 있고, [Library]를 터치하면 찍은 사진을 가져올 수 있다. [Camera]를 터치한다.

02 카메라가 실행되면 명함을 맞추고 ◎ 를 터치하여 사진을 찍는다.

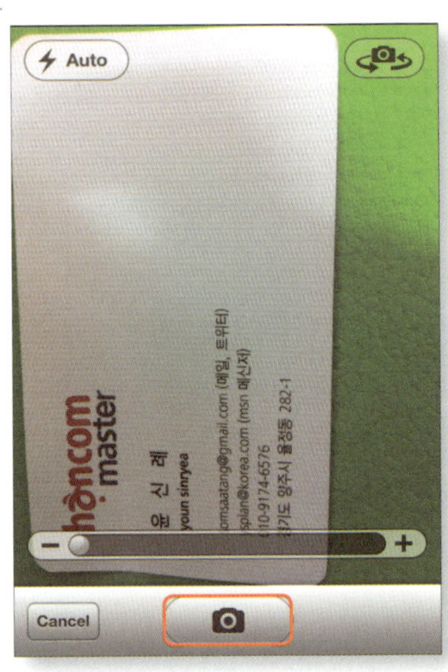

03 여기서는 찍은 사진을 사용할 것이므로 Use 를 터치한다.

04 주황색 틀이 표시되면 화면을 드래그하여 주황색 틀이 문서에 맞도록 맞추어 준다.

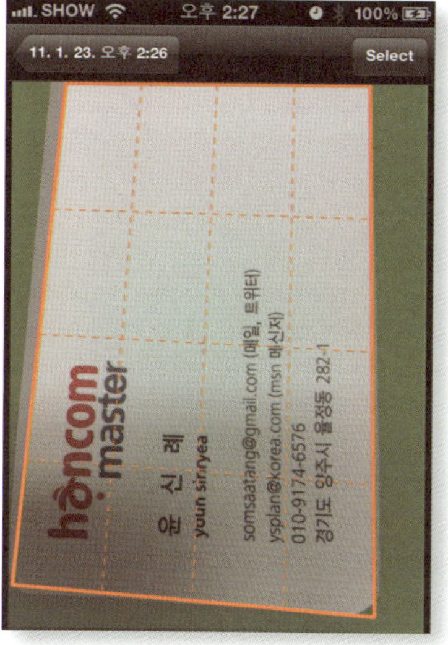

05 [Selects]를 터치하면 선택된 부분만 잘린다.

06 이미지가 표시되었다. 현재는 흑백으로 표시되는데 이것을 컬러로 변경하려면 [Enhancement]를 터치한다.

07 [Post-processing Type] 화면이 표시되면 [Color Document]를 터치하고 Done 을 터치한다.

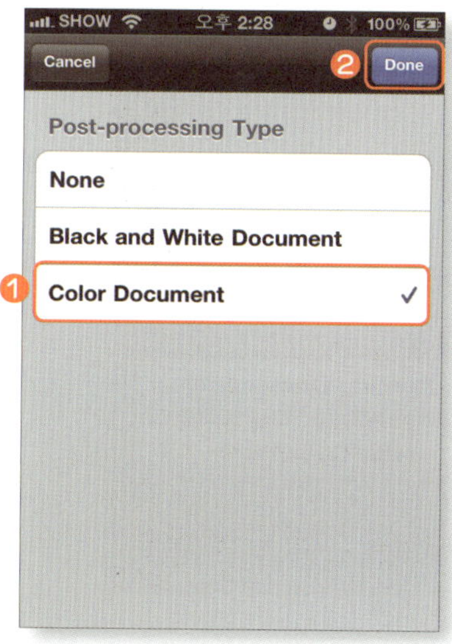

 이미지가 컬러로 변경되었다. 앨범
에 저장하기 위해 를 터치한다.

 [Export to ...] 메뉴가 표시되면
[Camera Roll]을 터치한다.

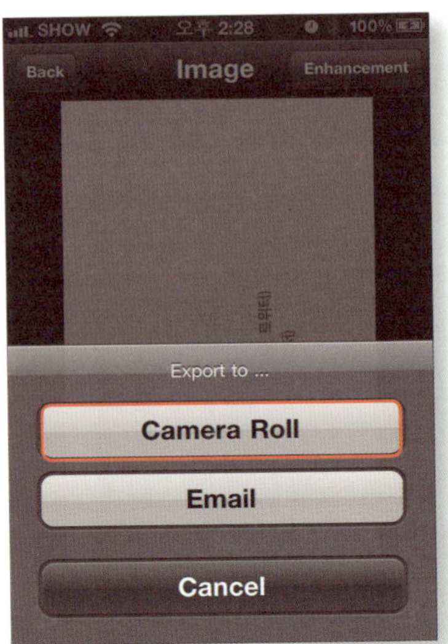

 [Camera Roll]에 저장된 다음에
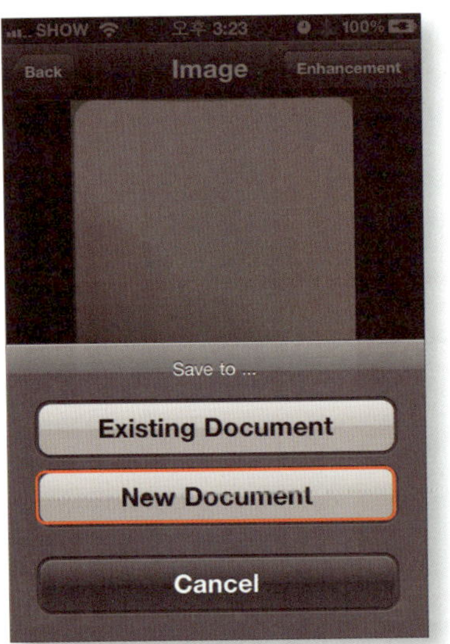를 터치하여 [Save to ...] 메뉴가 표시되면
[New Document]를 터치하여 저장한다.

 저장한 날짜와 함께 이미지가 문서
로 표시된다. 문서에 이름을 달기 위해 ⚙를
터치한다.

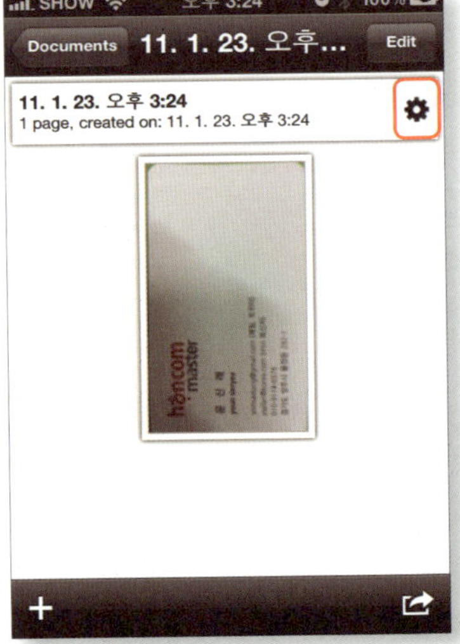

 [Document properties] 화면이 표시되면 문서 이름을 입력하고 Save 를 터치한다.

 문서의 이름이 변경되었다. 다시 [Documents]를 터치해보자.

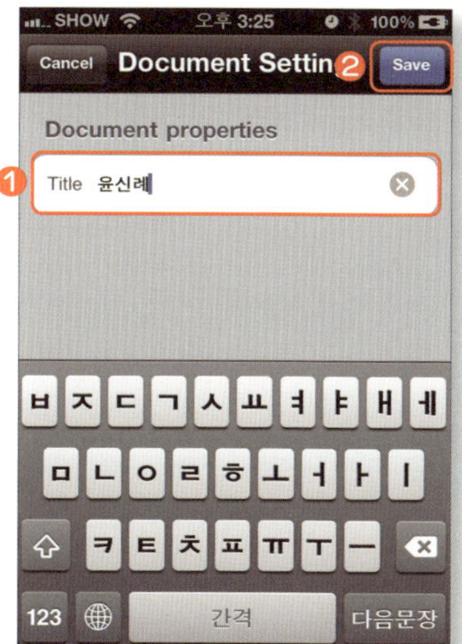

 하나의 문서가 저장된 것을 알 수 있다.

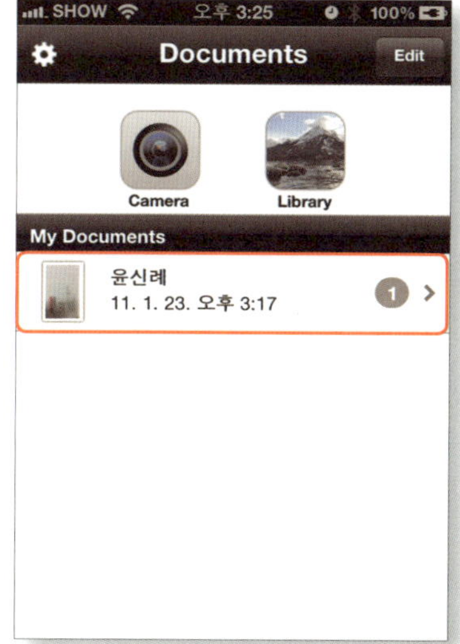

27 되도록이면 인쇄하지 않는다

출장을 가면 다시 한 번 읽어보거나 확인해볼 문서가 의외로 많다. 필자는 기술 문서나 영문 보고서같이 읽는 데 어려움이 따르는 서류를 다시 보고 싶어하는 경우가 많다. 여행 스케줄, 출장지 지도, 연락처 목록, 송금 계좌명 등도 문득 궁금해진다. 사람의 기억력에는 한계가 있다. 상황만 받쳐준다면 가급적 서류를 보면서 일하는 것이 가장 좋다.

많은 사람이 문서를 갖고 다니기 위해서 인쇄를 한다. 그런데 이것이 조금 아깝다는 생각이 들지는 않는가? 인쇄물은 대부분 한 번 읽으면 그대로 버리기 마련이다. 그렇다면 인쇄하지 않고 아이폰에서 읽을 수 있게 하면 더 좋지 않을까?

필자는 데이터를 그대로 아이폰에서 읽을 것과 인쇄해서 읽을 것의 경계선을 확실히 그어 놓았다. **다른 사람에게도 보여줄 가능성이 있는 서류(숙박할 호텔의 바우처, 이벤트 참가 확인증 등)는 인쇄하고, 나만 읽으면 되는 서류는 웬만한 경우가 아니고서는 인쇄하지 않는다.**

인쇄하지 않을 때의 장점은 두 가지이다. 첫째는 경비 면에서 절약된다는 점이고, 둘째는 짐이 줄어든다는 점이다. 페이지 수가 많은 자료는 종이 무게만 해도 만만치 않은 짐이 되는데 데이터로 된 자료는 아무리 페이지 수가 많아도 무게에는 변함이 없다. 문자 정보가 중심이 되는 문서는 용량도 매우 적으므로 아이폰에 부담도 주지 않는다.

이전에 필자가 해외 출장을 갈 때는 수십 페이지에 달하는 두툼한 종이 다발을 들고 다녔다. 그 태반이 일정표와 자료였다. 하지만 지금은 필자만 확인하면 되는 서류는 아이폰에 넣고, 그 외의 서류만 인쇄한다. 그 결과 인쇄 매수가 대폭 줄었다.

이런 방법은 가끔 읽기 어려운 글자(한자 등)가 나온다는 단점이 있지만, 확대/축소를 쉽게 할 수 있으므로 어느 정도 커버가 가능하다.

● 인쇄할지 안 할지 결정하는 기준

28 Ucloud로 컴퓨터에 있는 파일을 아이폰에서 본다

아이폰에는 PDF나 워드 형식(.doc)의 서류를 표시하는 기능이 기본적으로 마련되어 있다. 하지만 서류를 저장하거나 관리하는 기능이 없기 때문에, 컴퓨터 내에 있는 서류를 아이폰에서도 보고 싶다면 그때마다 메일에 첨부해서 보내야 한다. 이런 번거로움을 없애기 위해 나온 것이 [Ucloud] 앱이다. Ucloud는 KT에서 제공하는 것으로 20GB까지 무료로 이용할 수 있다. Ucloud 매니저를 컴퓨터에 설치하면 윈도우 탐색기를 이용하듯 **파일 관리도 쉽게 할 수 있다.**

네트워크상에 있는 서버에 파일을 보관하고 표시하는 서비스(온라인 스토리지)를 통해서도 파일을 볼 수 있겠지만, 이런 서비스는 다운로드 속도가 느리므로 필요한 문서를 바로바로 읽는 용도로는 적합하지 않다. 그 외에 에버노트에 문서를 등록하는 방법도 있지만, 에버노트는 동작 속도가 느리고 검색에도 문제가 있다. 게다가 전송 가능 용량에 제한이 있는 에버노트 무료 버전을 사용하는 사용자라면 중요할 때 데이터를 추가할 수 없는 사태에 처할 위험도 있다. 따라서 딱 한 번만 볼 문서는 에버노트가 아닌 별도의 소프트웨어를 사용하는 것이 좋다.

일단 각 파일을 PDF나 워드 형식(.doc)으로 변환한 후 전송하는 것이 좋다. 가장 좋은 방법은 인쇄 기능을 사용해서 PDF로 변환하는 것이다.

 ## Ucloud 설치하기

Ucloud를 사용하기 위해서는 일단 사이트에 가입을 해야 하며, Ucloud 매니저를 설치하고, 아이폰에서도 앱을 설치해야 한다.

01 http://www.ucloud.com 사이트에 접속한다. 회원이면 아이디와 비밀번호를 입력한 다음 [로그인]을 클릭한다. 회원이 아니면 [회원가입]을 클릭하여 회원으로 가입한 다음 이용한다.

02 로그인한 후에는 Ucloud를 사용하기 전에 먼저 [상품신청]을 해야 한다. 사용 가능한 상품을 알려준다. 사용할 상품에서 [신청하기]를 클릭한다.

03 [상품신청] 화면이 표시되면 이용약관에 동의하고 정보를 입력한 후, 상품신청을 완료한다.

04 상품신청이 완료되면 이제 ucloud 매니저를 다운로드해야 하므로 [다운로드 페이지로]를 클릭한다.

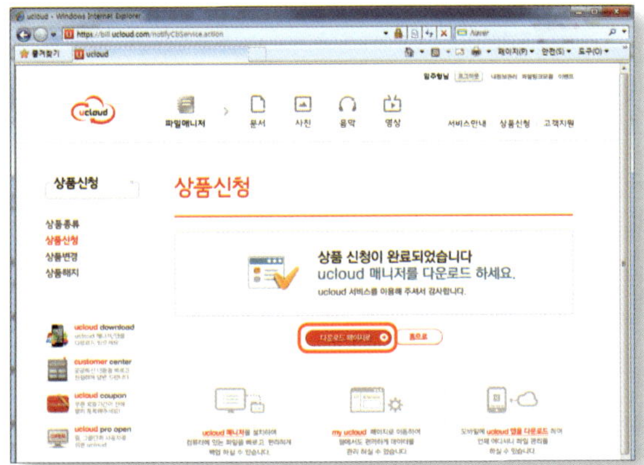

05 화면이 바뀌면 [ucloud 매니저 다운로드] 단추를 클릭한다.

06 [파일 다운로드 - 보안 경고] 대화상자가 나타나면 [실행] 단추를 클릭하여 파일을 설치한다.

07 다운로드 매니저의 설치가 끝나면 로그인 창이 나타난다. 사용자 ID와 비밀번호를 입력하고 [확인] 단추를 클릭한다.

08 [컴퓨터 이름 설정] 대화상자가 나타나면 이름과 아이콘을 설정하고 [다음] 단추를 클릭한다.

[설치 유형 선택] 대화상자가 나타나면 [다음]을 클릭한다.

[백업 폴더 선택] 대화상자가 나타난다. [다음] 단추를 클릭한다.

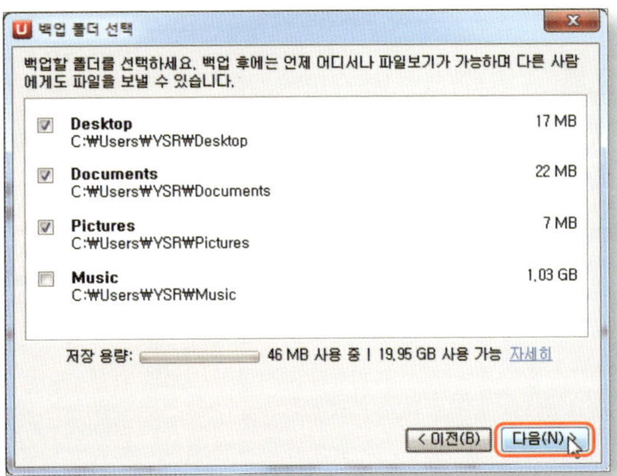

[최초 백업] 대화상자가 나타나면 [종료] 단추를 클릭하면 된다.

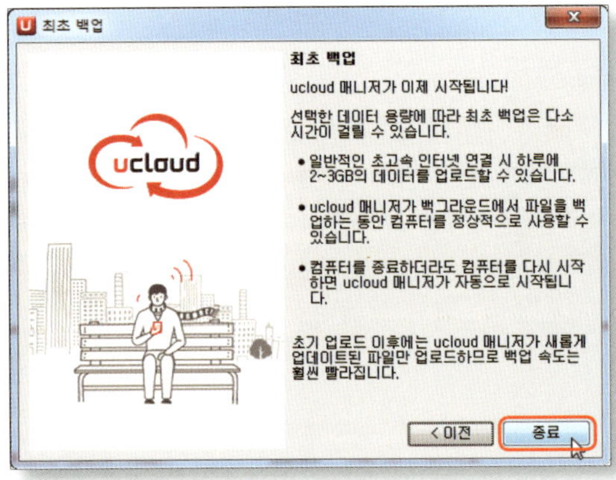

 [Ucloud 매니저]가 실행되었다. 각 폴더에 파일을 저장하면 아이폰에서도 동기화되어 언제든지 볼 수 있다.

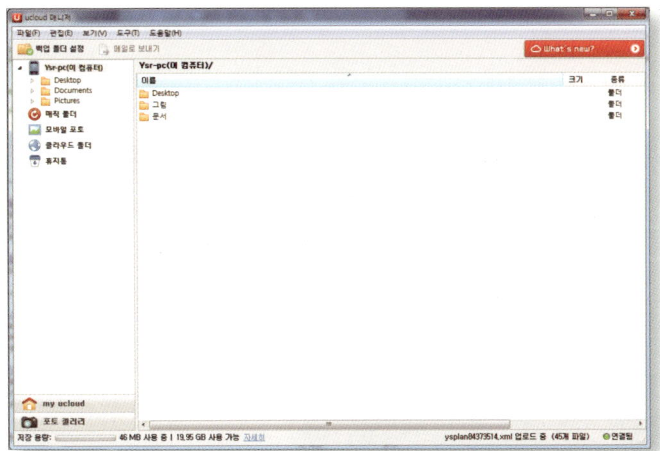

 [매직 폴더]에 파일을 복사했다. 파일 복사는 윈도우 탐색기에서 하는 것과 같다.

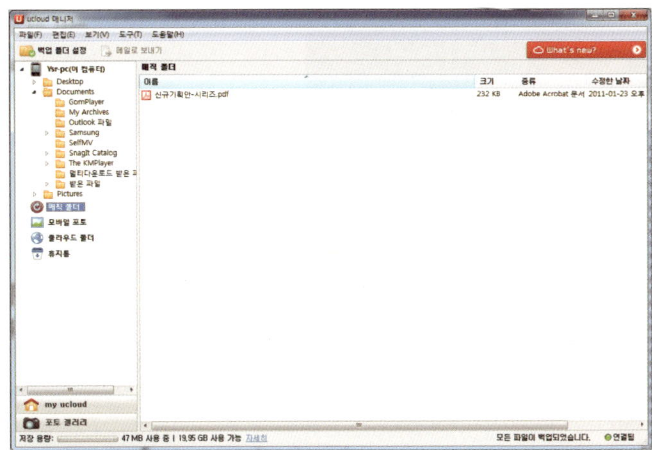

107

14 이제는 아이폰에서 Ucloud 앱을 설치해 실행한다. 아이디와 패스워드를 입력하고 [로그인]을 터치한다.

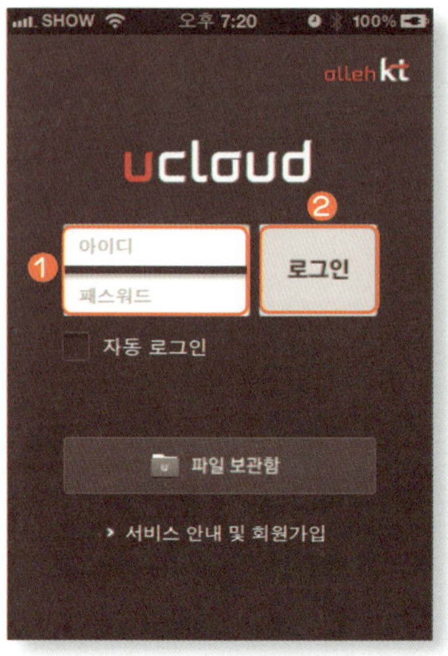

15 Ucloud 작업 화면이 나타난다. 먼저 [매직 폴더]를 터치해보자.

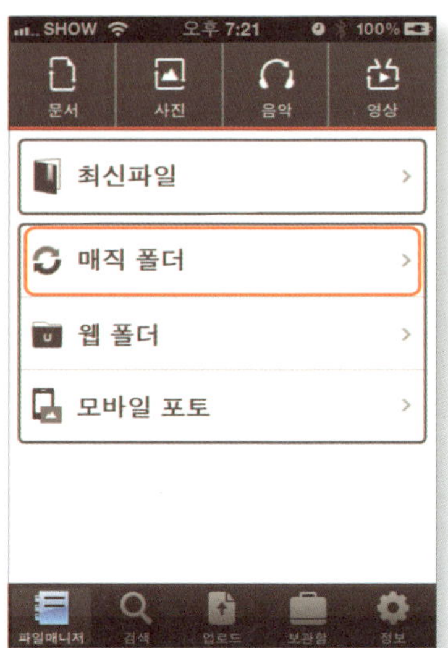

16 앞에서 컴퓨터에 저장한 파일이 있는 것을 볼 수 있다. 내용을 확인하려면 문서를 터치한다.

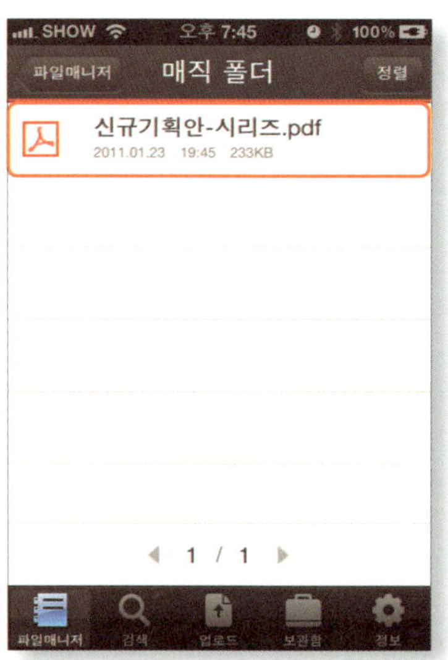

17 메뉴 화면이 표시되면 [열기]를 터치한다.

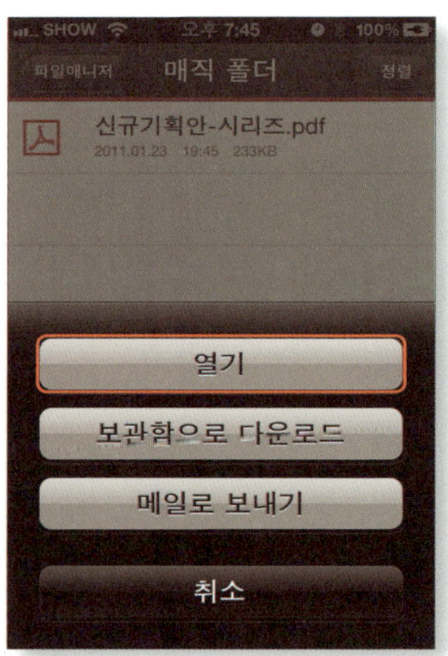

 문서 내용을 바로 볼 수 있다. 현재 보이는 문서는 PDF 문서이다.

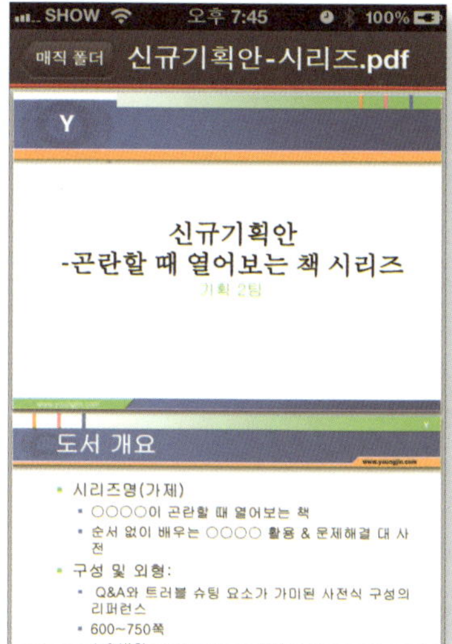

 다음은 HWP 파일을 열어본 예이다.

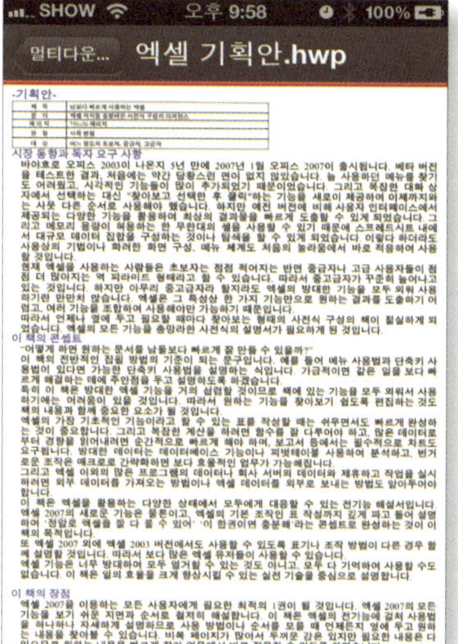

29 [스크린샷]을 통해 현재 화면을 메모에 남긴다

이번에는 아이폰으로 얻을 수 있는 정보에 대한 이야기를 해보겠다.

간단한 정보를 메모하기 위한 매우 단순한 방법이다. 한 번만 익혀두면 아주 폭넓게 활용할 수 있다.

아이폰으로 본 지도, 웹 정보, 메일 정보 중 잠깐 놔두었다가 나중에 참고하고 싶은 정보가 있다면 지체 없이 [전원] 단추를 누른 상태에서 [홈] 단추를 누른다(누르는 순서는 바뀌어도 괜찮다).

이것은 [스크린샷] 기능으로, 현재의 아이폰 화면을 촬영하고 촬영된 사진을 사진 보관함에 저장한다. 나중에 이 화면이 보고 싶을 때는 저장된 사진을 열기만 하면 된다.

스크린샷은 간편하고 신속하게 사용할 수 있다는 것이 장점이다. 특히 아이폰에서는 저장하고 싶은 부분을 간단하게 확대해서 선명하게 표시할 수 있다. 필요한 범위를 두 손가락으로 확대, 축소하는 기능이 있으므로 원하는 크기로 촬영하면 나중에 글자를 읽기도 쉽다.

또 에버노트는 [Camera Roll]에서 스크린샷 사진을 불러와서 정보를 데이터베이스에 등록할 수 있다. 웹사이트를 보고 있다가 얼른 기록해두고 싶다는 생각이 들면 일단 사진을 찍어두고 나중에 에버노트에 등록해도 된다.

단 스크린샷의 단점은 역시 화면 자체에 있다. 스크린샷 데이터는 해상도가 320×480밖에 나오지 않고, 화면에 들어가지 않는 범위는 기록되지 않는다. PDF에 비하면 정보량이 극히 제한적이다. 따라서 상세한 정보를 영구적으로 보존하기 위한 기능이라기보다는 잠깐 참고할 정보를 보존하는 기능으로 이해하고 사용하는 것이 좋다.

스크린샷으로 화면 저장하기

아이폰의 화면에 표시되는 내용을 이미지로 저장하는 기능이다. [홈] 단추
와 [전원] 단추를 동시에 눌러 화면을 저장한다.

01 화면 중 저장하고 싶은 부분을 크게
중앙에 배치시킨 다음 [전원] 단추+[홈] 단추를
누른다.

02 [사진] 앱을 실행한다.

03 [카메라 롤] 화면이 나타나면 방금 전에 스크린샷으로 저장한 이미지를 볼 수 있다. 터치
하면 화면을 확인할 수 있다.

에버노트에서 스크린샷 이미지 메모하기

스크린샷으로 저장한 이미지를 에버노트에서 따로 메모로 저장하는 방법이다.

01 [에버그린] 앱을 실행한 다음 [새 노트] 화면에서 [카메라 롤]을 터치한다.

02 [카메라 롤] 화면이 표시되면 스크린샷으로 저장한 사진을 터치한다.

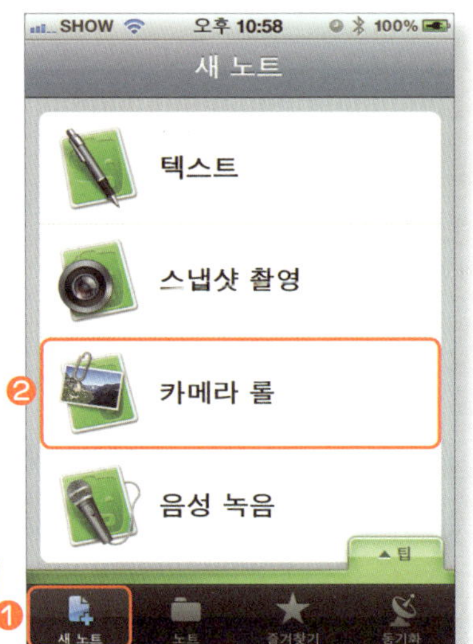

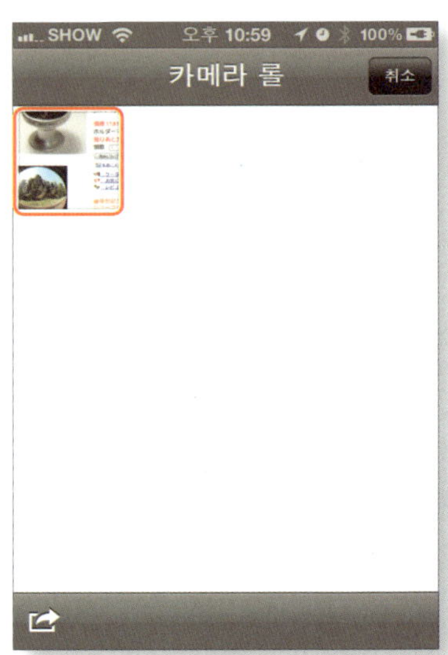

03 [노트] 탭에 숫자가 표시되어 새로운 메모가 저장된 것을 볼 수 있다. [노트]를 터치한다.

04 스크린샷으로 저장한 이미지를 에버노트에서 메모 내용으로 저장했다. 해당 메모를 터치한다.

05 화면이 바뀌면 제목을 입력하기 위해 ✎를 터치한다.

06 제목과 태그 내용을 입력하고 저장을 터치한다.

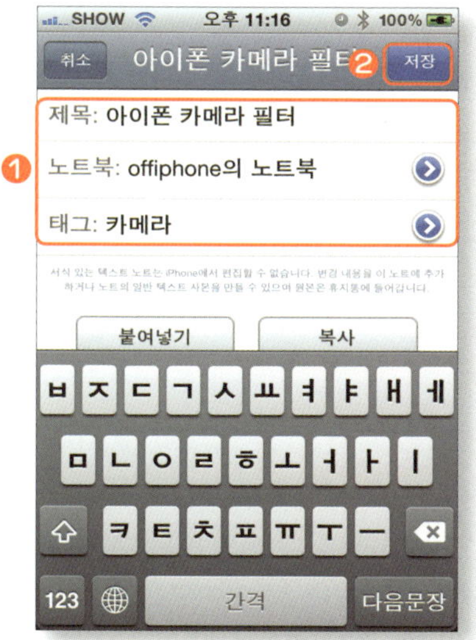

07 사진 메모가 제대로 만들어졌다.

30 아이폰 사진으로 자신의 행동 패턴을 파악한다

휴대폰이 정보 수집 도구로 각광받는 이유는 디지털 카메라 기능이 있기 때문이다. 아이폰에 내장된 카메라는 최신형 아이폰 4G라 하더라도 실제 카메라에 비하면 아직 성능이 만족할 만한 수준은 아니다. 하지만 눈에 띄는 정보를 기록해두는 용도로는 실용적인 화질을 갖추었다.

아이폰 사진이 일반적인 휴대폰 사진보다 활용도가 높은 점이 또 하나 있다. 그 내용을 설명하기 전에 오른쪽 페이지의 화면을 보기 바란다. 언제, 어디서 아이폰으로 사진을 찍었는지를 보여준다. 사진을 찍은 위치를 지도상에 표시할 수 있는 이유는 '지오태그'라는 데이터를 사진에 자동으로 삽입하는 기능이 아이폰 카메라에 기본적으로 탑재되어 있기 때문이다.

지오태그란 GPS에서 받은 위치 정보이다. 아이폰에는 지도 기능을 위해서 GPS가 탑재되어 있기 때문에 언제든지 현재 위치를 확인할 수 있다. 아이폰의 카메라 기능은 촬영 시에 GPS에서 위치 정보를 받아서 사진 속에 지오태그라는 형식으로 삽입한다. GPS는 전 세계적으로 통용되기 때문에 외국에서 촬영하면 당연히 외국의 위치 정보가 기록된다.

지오태그를 사용하면 사진이 촬영된 곳을 알 수 있으므로 시간 순서나 사진 내용이 아닌 촬영 장소를 기준으로 해서 사진을 정리할 수도 있다.

필자는 몇 달에 한 번씩 이 기능을 사용해서 사진의 경향을 파악한다. 그간의 행동 패턴과 행동 범위를 살펴볼 수 있기 때문이다. 영업사원이 다른 장소로 옮기기 전에 매번 사진을 찍어두면, 자신이 들렀던 곳들을 대략적으로 파악할 수도 있고 앞으로 돌게 될 지역에 관해서 생각해볼 기회도 가질 수 있다.

다른 휴대폰 중에서도 지오태그를 삽입하는 기종이 있다. 하지만 아이폰이 특별한 이유는 컴퓨터에 사진을 쉽게 전송할 수 있기 때문이다.

매킨토시의 경우 아이폰과 컴퓨터를 케이블로 연결하기만 하면 사진 관리 소프트웨어인 '아이포토(iPhoto)'에 간편하게 사진을 넣을 수도 있다. 그리고 화면의 [촬영지] 단추를 클릭하면 촬영 지점이 지도상에 바로 표시된다.

윈도우 컴퓨터의 경우, 기본으로 탑재된 소프트웨어에서는 지오태그를 볼 수 없다. 이 기능을 활용할 수 있는 가장 손쉬운 방법은 구글에서 무상으로 제공하는 사진 관리 소프트웨어인 '피카사(Picasa)', 지도 소프트웨어인 '구글 어스(Google Earth)'를 조합하는 것이다. 피카사에서 사진을 표시하고 선택한 뒤에 화면 오른쪽 아래에 있는 [지오태그] 단추를 클릭하면 구글 어스가 작동해서 지도 위에 사진을 배치한다.

피카사에서 지도 위에 사진 표시하기

구글의 사진 관리 소프트웨어인 피카사로 지도 위에 사진을 표시하는 방법에 대해 알아보자.

01 구글의 웹 앨범인 Picasa에 접속한다. 사진 보관함에서 사진을 클릭하면 사진 위치가 표시된다. 사진 위치의 핀을 클릭해보자.

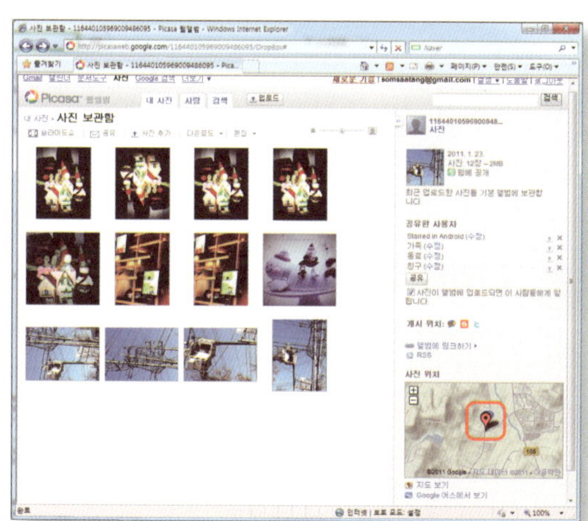

02 핀 위치에 나타난 작은 사진을 클릭하면 큰 사진이 지도 위에 바로 표시된다.

31 지오태그를 활용할 때 주의해야 할 점

아이폰의 지오태그 기능에는 한 가지 문제가 있다.

사진 속에 위치 정보가 들어 있기 때문에 블로그나 SNS 등 공개된 곳에 사진을 게재하면 의도하지 않게 집이나 회사 등의 위치를 노출시킬 가능성이 있다는 점이다.

그러므로 공개된 곳에 사진을 게재하고자 할 때는 아이폰의 지오태그 기능을 끄고 촬영한 사진이나 GPS 기능이 없는 평범한 디지털 카메라로 촬영한 사진을 싣는 것이 좋다. 솔직히 번거로운 면이 있으므로 아이폰으로 촬영한 사진은 [모르는 사람에게 보여주지 않고 함부로 공개하지 않는다]는 것을 전제로 사용하기를 권한다.

따라하기 위치 정보 설정 취소하기

위치 정보 설정을 해제하는 방법이다.

01 홈 화면에서 [설정]을 터치하여 [설정] 화면이 표시되면 [일반]을 터치한다.

02 [일반] 화면이 표시되면 [위치 서비스]를 터치한다.

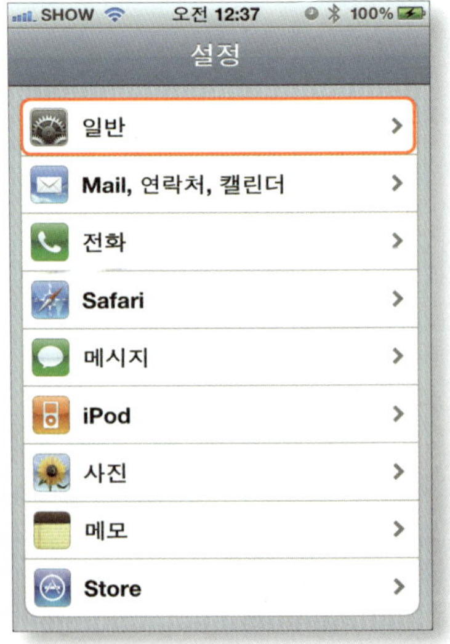

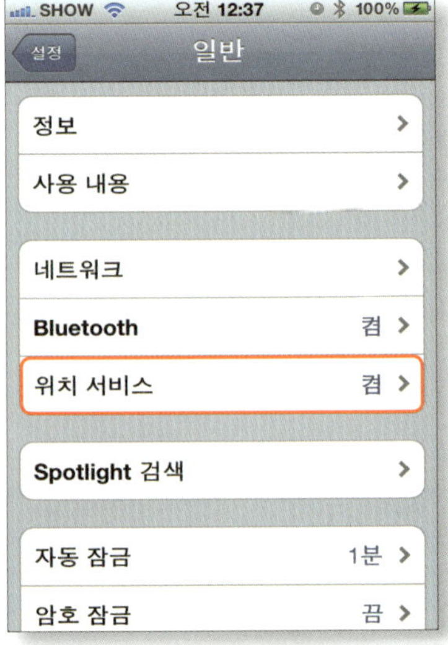

03 [위치 서비스] 화면이 표시되면 Off 로 설정하고 홈 화면으로 돌아간다.

04 이제 사진을 찍기 위해 [카메라]를 실행하면 다음과 같이 위치 정보 서비스에 대한 것을 물어본다. 이때 [취소]를 터치한다.

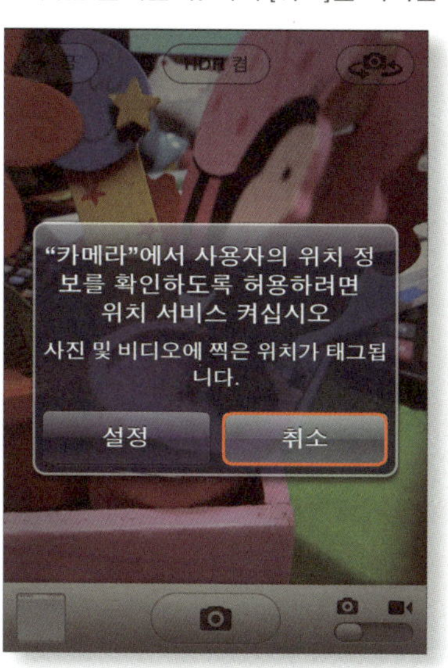

05 이 상태에서 사진을 찍는다.

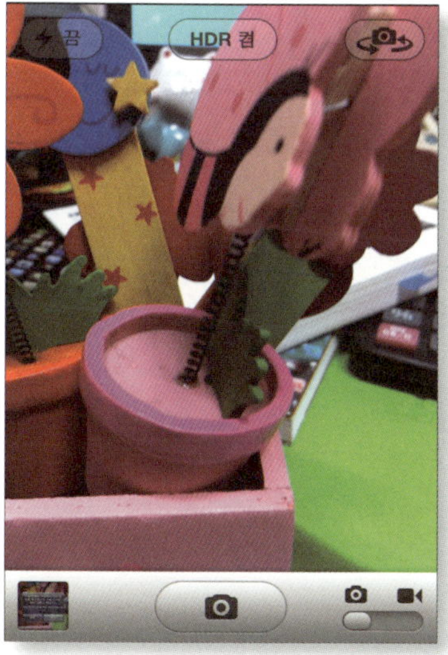

06 다시 [사진] 앱을 실행한 다음 [장소]를 터치하여 위치를 확인하면 핀이 생기지 않는 것을 알 수 있다. 왼쪽의 빨간 핀은 전에 위치 정보를 On했을 때의 위치이다.

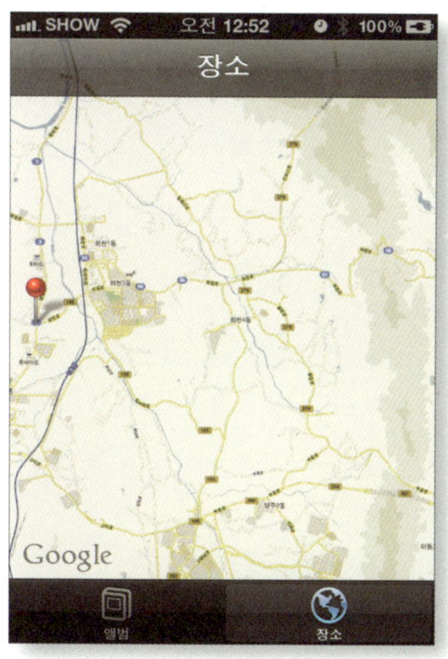

아이폰에서 위치 정보 설정하고 위치 표시하기

앞에서는 피카사에서 위치 정보 보는 방법에 대해 알아보았다. 여기서는 아이폰에서 위치 정보를 보는 방법에 대해 알아보자.

01 위치 정보를 다시 On시킨 다음 사진을 찍는다. [사진] 앱을 실행한 다음 [장소]를 터치한다.

02 빨간색 핀이 표시되는 곳이 있다. 이 핀을 터치한다.

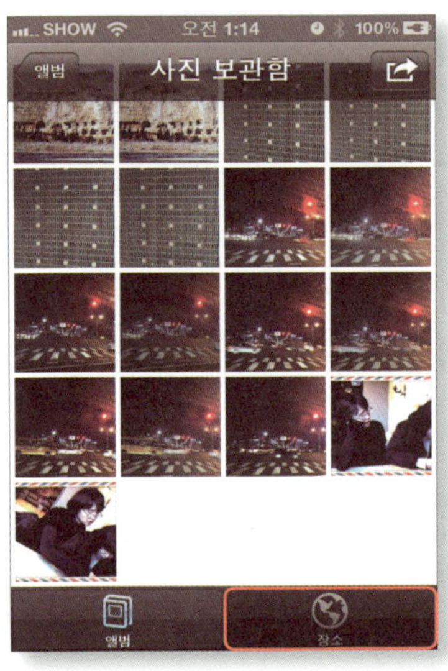

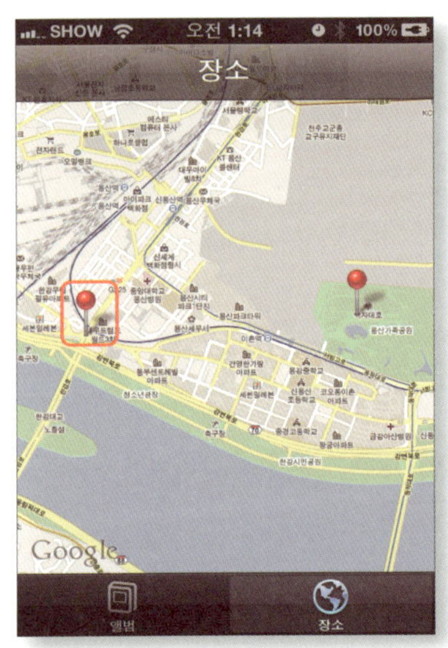

03 핀이 꽂혀진 장소에 9장의 사진이 있다는 것을 알 수 있다. ▶를 터치한다.

 터치한 장소에서 찍은 사진이 모두 표시된다.

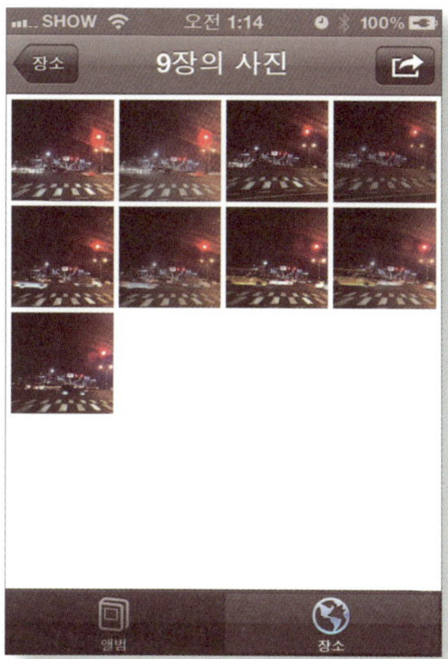

 다시 장소에서 다른 핀을 터치해 보자.

 다른 장소에서 찍은 사진이 모두 표시된다.

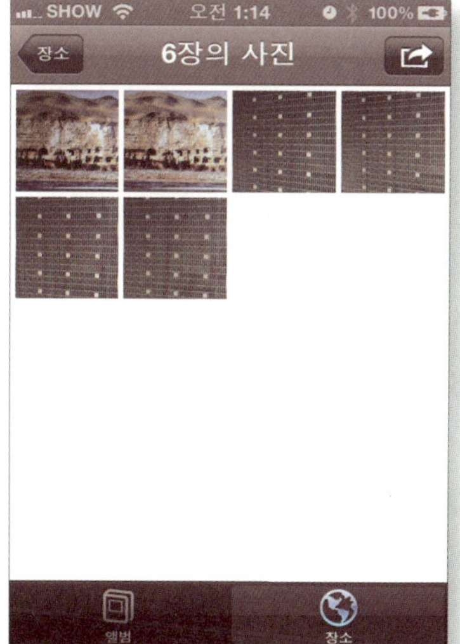

32 중요한 업무를 맡은 도구는 두 대씩 가지고 다닌다

아이폰에는 음성을 기록하는 음성 메모 기능이 탑재되어 있다. 이 기능은 아이폰의 마이크를 사용해서 주위의 소리를 녹음하는 기능이다. 인터뷰할 때나 업무상 미팅을 할 때 대화를 녹음해두면 나중에 내용을 확인할 수 있으므로 꽤 유용하다. 하지만 필자는 이 기능을 업무에 사용하지 않는다. 아이폰은 이미 전화, 메일 등의 중요한 역할을 담당하고 있는데 거기에다가 인터뷰 녹음이라는 중책까지 맡기고 싶지 않기 때문이다.

필자는 업무상 필요한 도구를 준비할 때 중요한 업무를 맡는 도구는 두 대씩 가지고 다닌다는 원칙을 지킨다. 그래서 음성 녹음을 위해서는 별도의 IC 레코더를 메인 도구로 삼는다. 아이폰의 음성 메모 기능은 보조 도구라고 할 수 있다.

디지털 카메라도 마찬가지다. 취재할 때는 별도의 가방에 넣고 다니는 콤팩트 카메라를 사용하고, 카메라에 이상이 생겼을 때에만 아이폰으로 촬영한다.

취재할 때는 타이밍이 생명이다. 목소리와 사진은 즉석에서 바로바로 담아야 한다. 기계가 없다느니, 배터리가 다 됐다느니 하는 변명은 통하지 않는다. 도구가 한 대밖에 없으면 고장이 나거나 배터리가 떨어졌을 때 대처할 수 없지만, 두 대가 있으면 안심하고 업무를 진행할 수 있다. 두 대가 동시에 고장 나는 경우는 거의 없기 때문이다.

필자가 해외 출장을 갈 때는 노트북도 두 대 들고 간다. 해외에서 컴퓨터가 고장나면 아무것도 할 수 없기 때문이다. 메인 컴퓨터가 고장 나서 보조 컴퓨터의 도움을 받은 적이 실제로 있었다.

부피를 줄이기 위해서 모든 자료를 아이폰에 넣으라는 말도 자주 듣지만, 위기 관리의 측면에서 본다면 모든 일을 아이폰으로 처리하는 것은 위험하다. IC 레코더나 디지털 카메라는 무게를 합쳐봤자 1킬로그램도 안 된다. 그것이 무겁다고 업무상 안전성까지 내팽개쳐버릴 수는 없는 노릇이다. 물론 아이폰이 여러 가지 용도에서 보조 도구 역할을 해준 덕분에 중요한 업무를 맡는 도구는 두 대씩 가지고 다닌다는 원칙을 지키면서도 짐의 무게를 줄일 수 있었던 것은 사실이다.

➡ 확실히 처리해야 할 중요한 업무에서는 아이폰을 보조 도구로 사용한다

아이디어를 놓치지 않는 아이폰 메모술

33 에버노트에 아이디어의 원천을 집약시킨다

제2장에서 소개한 대로 아이폰을 사용할 때 빼놓을 수 없는 서비스 중 하나가 에버노트이다.

에버노트에는 아이폰으로 촬영한 사진이나 음성 메모 등을 보관하는 기능 외에 간단한 텍스트를 쓰는 기능도 있다. 기억하고 싶은 문장이나 아이디어를 문자로 입력해둘 수 있는 셈이다.

경험상 눈으로 본 정보는 나중에 비교적 기억해내기 쉽지만, 머릿속에 떠오른 아이디어나 문장은 뇌에서 사라지는 순간 다시 떠올리기가 쉽지 않다. 그러므로 전철 안에서 떠오른 아이디어는 되도록이면 즉시 에버노트에 기록하는 것이 좋다.

그런데 왜 하필 에버노트에 적어야 할까? 아이폰에는 [메모] 기능이 따로 있다. [메모]에 아이디어를 적어놓아도 상관없지 않을까?

단순히 아이디어만 적어놓는 것이라면 어디에 적든 상관없다. 하지만 정보가 [에버노트]와 [메모] 두 군데로 분산되면 문제가 된다. 에버노트에 너무 집착할 필요는 없겠지만, 아무래도 아이디어는 한 군데에 모아두는 편이 좋다.

➡ 아이디어 메모를 분산시키지 않는다

➡ 에버노트에 모든 아이디어를 남긴다

에버노트를 열고 [새 노트]→[텍스트]를 선택한다.

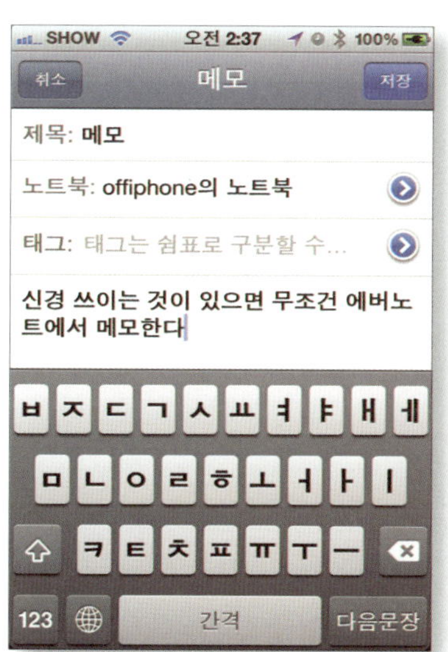

아이디어는 전부 에버노트에 집약시킨다. 무엇이든 생각나자마자 바로 적는 것이 포인트이다.

34 기획서를 작성할 때는 먼저 뼈대를 적는다

에버노트에 메모를 적을 때 주의해야 할 점이 있다. 글의 줄거리를 적을 때는 특별한 방법을 써야 한다는 점이다.

아이디어 중에는 단순히 키워드만 나열해도 되는 것도 있지만, 무엇이 어떻다는 식으로 문맥을 적어야 하는 것도 있다. 기획서, 업무 제안서, 프레젠테이션 자료, 원고 등을 쓰기 위해서는 글의 뼈대를 먼저 잡아야 한다.

필자는 들여쓰기 방법을 자주 활용한다.

문장은 대부분 주된 화제와 종속된 화제로 구성된다. 예를 들어 누가 어디로 갔다는 이야기를 하려면 어디에 갔는지, 무슨 일 때문에 갔는지, 어떻게 됐는지가 주된 화제라고 할 수 있다. 그리고 가는 도중에 무슨 일이 있었는지, 거기서 생각지도 못한 해프닝에 어떻게 대처했는지, 아침에 일어났을 때 어떤 느낌이었는지 등은 주된 화제에 종속된 화제다.

일단 주된 화제를 적은 후, 그 아래 줄에 한 글자 이상 들여쓰기를 하고 종속된 화제를 적는다. 종속의 종속이라고 여겨지는 화제는 한 번 더 들여쓰기를 해서 주제를 추가해나간다. 그리고 전체적인 흐름을 보면서 순서를 바꾸거나 화제를 추가해가면서 문장의 뼈대를 완성해나간다.

글을 무턱대고 쓰려다 보면 좀처럼 진도가 안 나가거나, 꼭 적어야 하는 사항을 빠뜨리거나, 글의 흐름이 뒤죽박죽되기 쉽다. 이런 현상을 막기 위해서는 대략적인 구성을 먼저 생각한 후에 문장을 써나가기 시작해야 한다.

컴퓨터에 능통한 사람이라면 이 수법이 아웃라인 프로세서라는 소프트웨어와 비슷하다는 사실을 눈치챘을 것이다. 아웃라인 프로세서의 목적은 바로 '문장의 뼈대를 짧은 시간에 만들기'인데, 현재 아웃라인 프로세서는 독립된 소프트웨어이면서 워드 프로그램의 한 기능으로도 들어가 있다.

아이폰용으로도 아웃라인 프로세서 앱이 있다. 오히려 아이폰용 앱이 입력과 수정하기에는 더 편리하다.

하지만 필자는 에버노트만을 사용한다. 그 이유는 아이폰용 아웃라인 프로세서로 쓴 문장의 아이디어가 에버노트와는 다른 형태로 관리되기 때문이다. 앞에서 말했다시피 아이디어가 분산되어 저장되는 것은 좋지 않다. 또는 실제 문장을 작성할 때 아이폰상에서 작성한 문장의 아이디어는 어디까지나 참조용이므로 그대로 살을 붙여 본문을 만들 수는 없다. 때문에 에버노트에 쓰는 것이 편리하다.

➡️기획서를 쓸 때는 일단 뼈대를 만든다

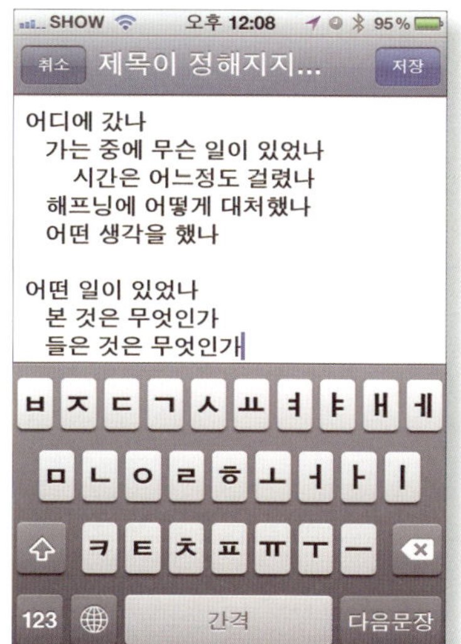

글쓰기 아이디어를 메모할 때는 글의 뼈대를 잡는 데 집중한다. 들여쓰기를 활용하는 방법이 좋다.

35 단번에 써내려갈 때는 Documents를 사용한다

모든 글을 뼈대부터 만들고 나서 쓰는 것은 아니다. 본문을 단번에 써내려가야 하는 경우도 많다.

그럴 때 사용하는 것이 Documents라는 앱이다. Documents는 텍스트 편집기인데, 다른 소프트웨어에서는 볼 수 없는 특징이 있다.

첫째, 화면이 넓다. Documents에서는 [Hide] 단추를 터치하면 키보드를 바로 보이지 않게 할 수 있다.

둘째, 작업 재개를 쉽게 할 수 있다.

아이폰에서는 여러 앱을 동시에 실행할 수 있다. 글을 쓰다보면 웹이나 에버노트에서 글감을 조사하고 싶어질 때가 많다. 다른 앱을 실행하는 도중 Documents 앱을 다시 실행하면 방금 전에 편집하던 문서로 돌아가므로 작업을 쉽게 재개할 수 있다.

단지 필자가 직업상 불편을 느끼는 부분은 Documents에 글자 수와 행 수를 세는 기능이 없다는 점이다. 글자 수에 별다른 제한이 없는 웹 기반 기사를 집필할 때는 별 문제가 없지만, 글자 수가 정확히 지정되어 있는 잡지, 출판 원고를 쓸 때는 조금 불편하다. 그럴 때는 Documents에서 메일로 컴퓨터로 원고를 보낸 후, 컴퓨터에서 수정을 마치고 담당자에게 송신한다.

Documents는 이런 단점에도 불구하고 시간을 꽤 효과적으로 사용할 수 있게 해준다는 점에서 높이 평가된다.

Documents 사용하기

01 Documents 앱을 설치하면 다음과 같은 화면이 표시된다. [New Folder]를 터치하면 새로운 폴더를 만들 수 있고, [New Documents]를 터치하면 새로운 문서를 만들 수 있다.

02 앞 화면에서 [New Documents]를 터치하면 빈 화면이 표시된다. 이곳에 텍스트를 입력한다.

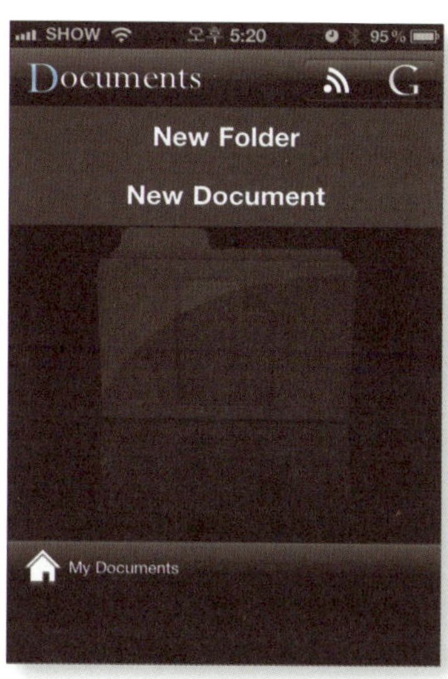

03 텍스트를 입력한 다음 텍스트 파일로 저장하기 위해 File 을 터치한다.

04 메뉴가 표시되면 [Save]를 터치한다.

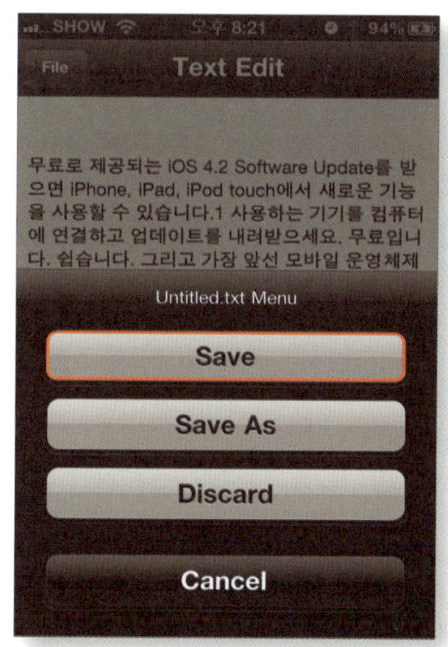

05 'Untitled.txt'라는 파일명으로 하나의 파일이 저장되었다. 파일명을 수정하기 위해 ❯를 터치한다.

06 [Properties] 화면이 표시되면 파일명을 입력하고 [Save]를 터치한다.

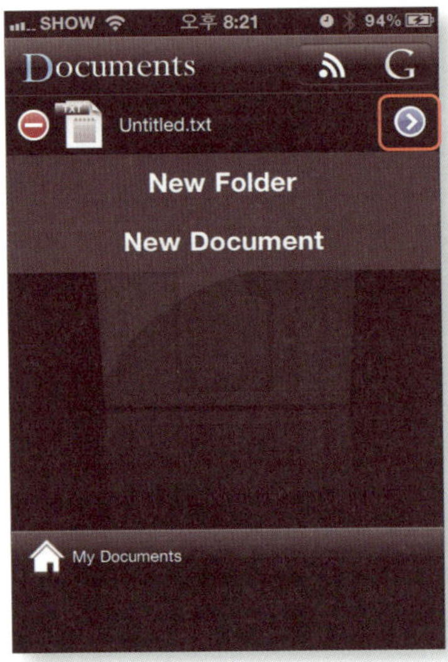

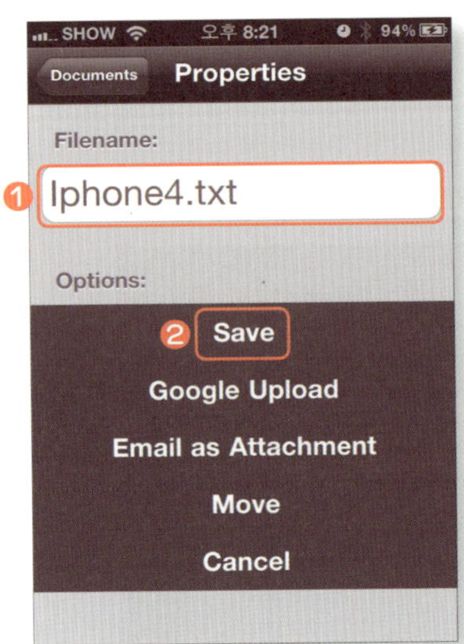

07 파일명이 입력되었다. 화면 오른쪽 위의 **G**를 터치해보자.

08 Gmail Login 화면이 표시된다. 여기서 아이디와 비밀번호를 입력하고 로그인한다.

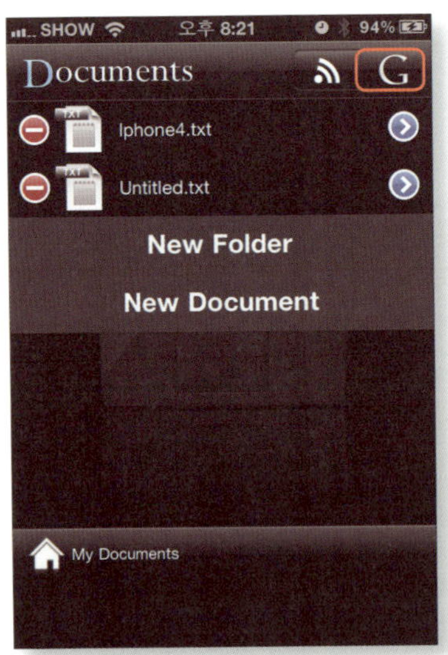

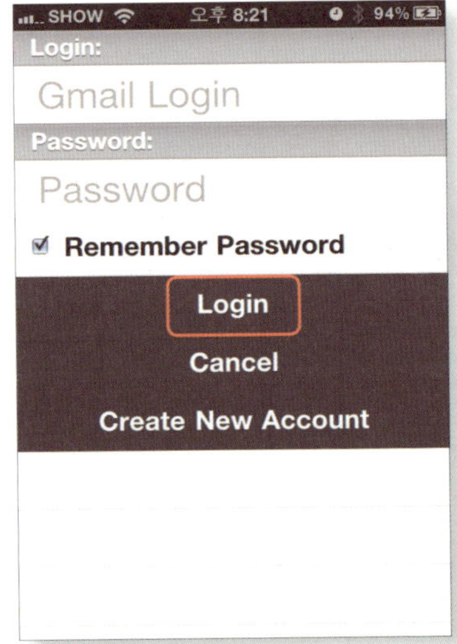

 로그인되면 자동으로 파일을 업로드한다. [Okay]를 터치한다.

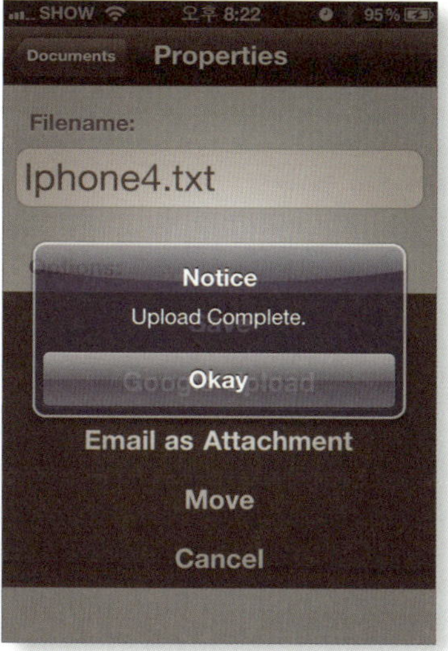

 구글의 문서도구에 들어가면 앞서 Documents 앱에서 입력한 문서를 확인할 수 있다.

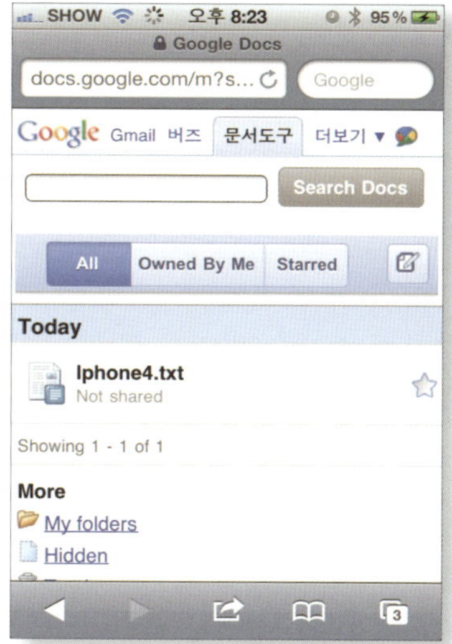

131

36 에버노트의 [메일에서 추가] 기능을 사용한다

다른 사람에게서 받은 메일 본문이나 PDF 등의 첨부 파일을 아이디어 메모로 남겨두고 싶을 때, 에버노트에 일일이 복사해서 넣는 것은 약간 번거로울 수 있다.

이때 활용할 수 있는 방법이 에버노트의 [메일에서 추가] 기능이다. 에버노트는 특정 메일 주소로 받은 메일을 새 메모로 추가하는 기능이 있다.

이 '특정 메일 주소'는 사용자마다 다른데, 아이폰의 에버노트 앱에서는 [동기화]-[Evernote 이메일 주소]에서 확인할 수 있고, 컴퓨터에서는 [설정]-[계정 요약]-[Evernote로 이메일 보내기]에서 확인할 수 있다.

[연락처]에 에버노트 메일 주소를 등록해두면 받은 메일을 그 주소로 전송하게 되고 에버노트에 새 메모로 추가된다.

이러한 [메일에서 추가] 방법은 컴퓨터나 휴대폰에서 둘 다 사용할 수 있으므로, 좋은 아이디어가 떠올라서 재빨리 에버노트에 추가하고 싶을 때 편리하게 활용할 수 있다.

➜ 에버노트에 메일을 보내서 아이디어 메모를 추가한다

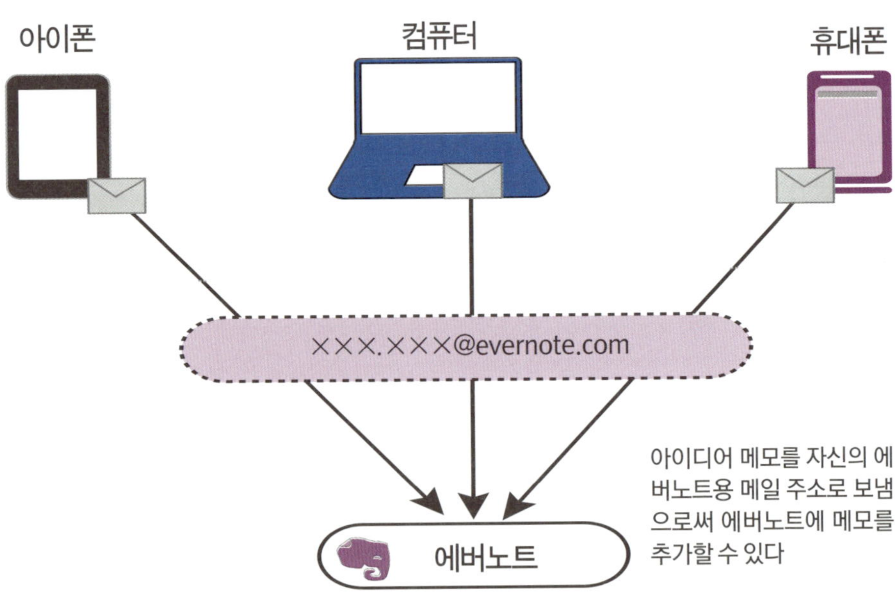

아이디어 메모를 자신의 에버노트용 메일 주소로 보냄으로써 에버노트에 메모를 추가할 수 있다

컴퓨터에서 메일 주소 확인하기

에버노트에 바로 전송될 메일 주소를 확인하는 방법에 대해 알아보자. 메일 주소는 아이폰과 컴퓨터에서 모두 확인할 수 있다.

01 컴퓨터에서 에버노트 사이트에 접속합니다(https://www.evernote.com). 에버노트 사이트에서 [설정]을 클릭한다.

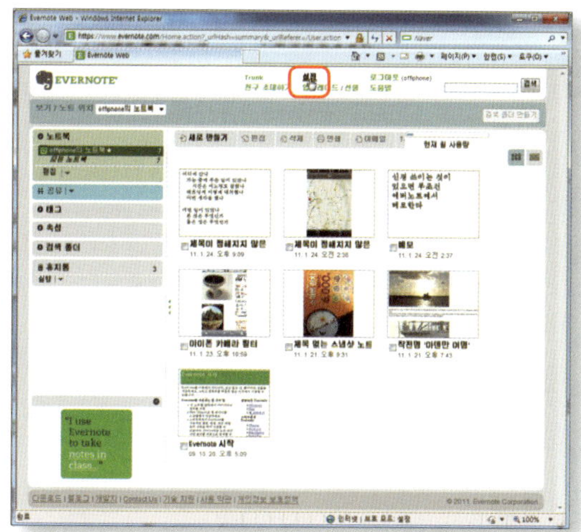

02 [설정] 화면이 표시되면 [계정 요약]을 클릭한다. [계정 요약] 화면의 [Evernote로 이메일 보내기] 아래 부분의 주소가 바로 에버노트로 보낼 수 있는 메일 주소이다.

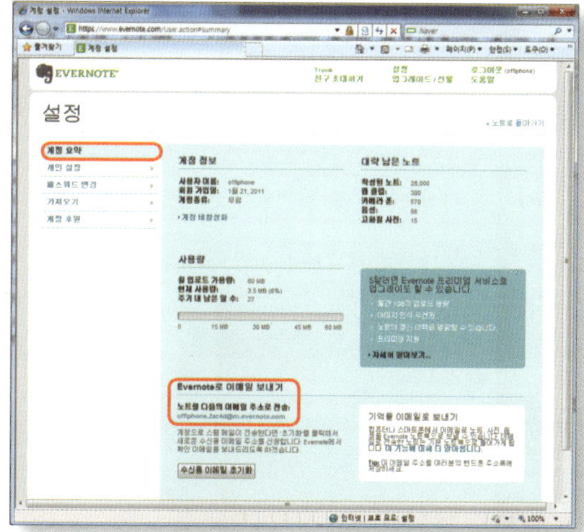

03 해당 주소로 메일을 먼저 보내보자.

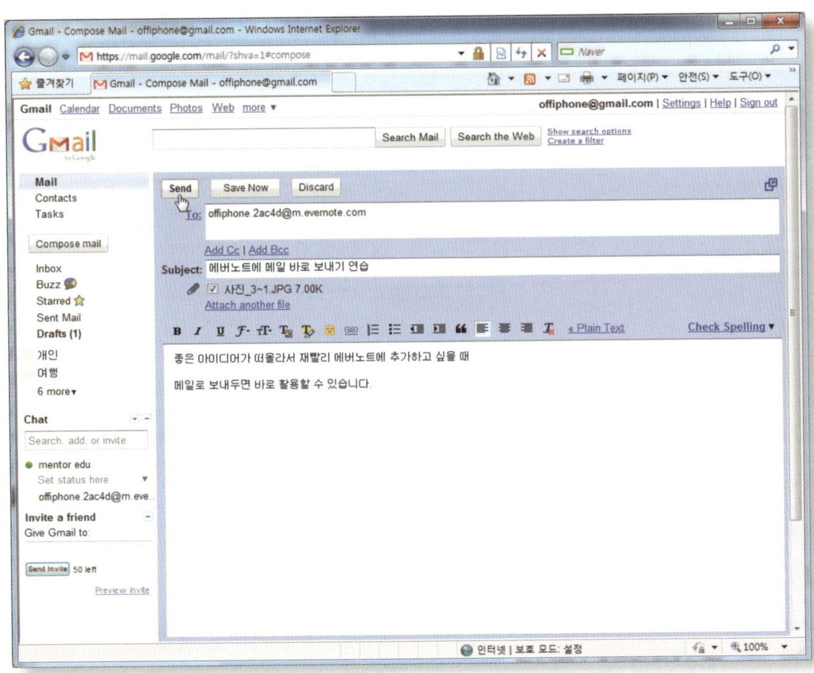

 아이폰에서 메일 주소 확인하기

01 에버노트를 실행한 다음 [동기화]를 터치한다.

02 [동기화] 화면이 나타나면 [Evernote 이메일 주소]를 터치한다.

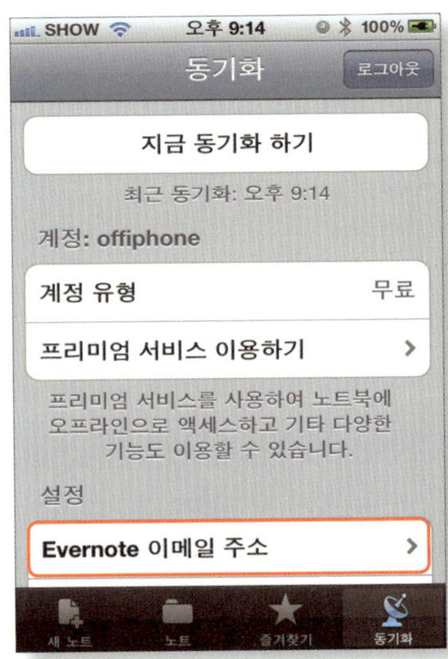

03 [이메일] 화면이 표시되면 주소를 확인할 수 있다.

04 에버노트 홈 화면으로 돌아가서 [노트]를 터치하면 앞에서 이메일로 보낸 메일이 표시된다.

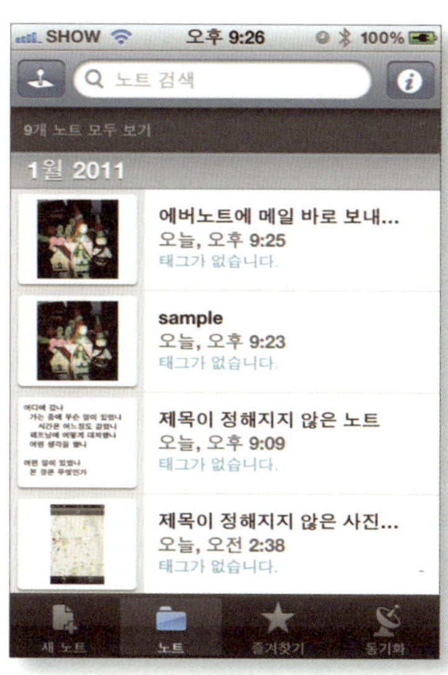

05 메일을 터치하면 메일로 보낸 내용을 메모로 볼 수 있다.

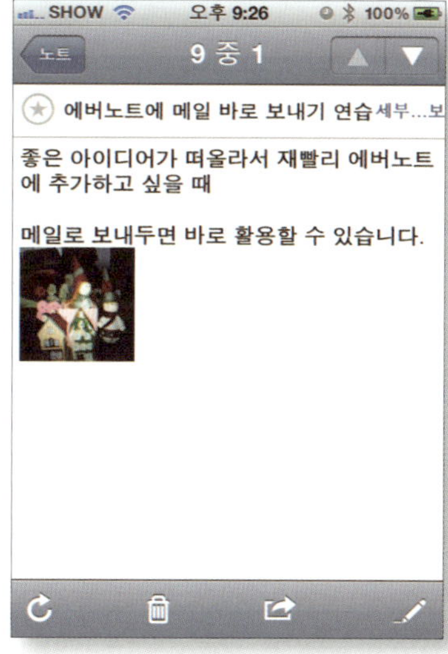

37 트위터 전용 앱을 사용한다

2009년 국내에서도 트위터 열풍이 몰아쳤다. 트위터란 자신이 지금 보는 것과 느끼는 것을 140자 이내로 적고, 그 글을 읽은 사람이 재전송하거나 답장함으로써 서로 소통하는 서비스이다. 그 과정이 은근히 복잡해서 트위터 서비스를 이용하지 않는 사람에게 설명하기가 약간 난감한 면도 없지 않다. 흔히 '미니 블로그'라고도 불린다.

트위터의 묘미는 역시 소통에 있다. 아는 사람과 모르는 사람이 한데 어울려 각자의 관심사를 얘기하는 일은 분명 매력적이다.

하지만 업무적인 도구로 생각할 때는 단순히 즐기는 것만으로는 부족하다. 좀 더 적극적으로 업무에 활용할 수 있는 방안을 모색해야 한다.

트위터를 아이폰에서 사용하려면 일단 웹브라우저에서 앱으로 갈아타야 한다. 트위터 웹판의 기능은 좋은 편이라고 할 수 없으며 글자를 읽기도 어렵다.

애플리케이션 버전의 장점은 인터넷에 연결되어 있지 않을 때도 내용을 읽고 답장을 쓸 수 있다는 점이다. 전철 안에서 자투리 시간을 활용할 때는 역시 인터넷이 없어도 사용할 수 있는 앱 버전이 편리하다.

아이폰용 트위터 앱은 여러 가지가 있다. 어느 것을 선택하느냐는 개인의 취향에 따라 달라지겠지만, 필자는 [트위터(Twitter)]를 이용한다. 손가락으로 화면을 아래로 튀기면 [새로 고침]이 되는 등 조작법도 쉽고 글자 표시도 깔끔해서 잘 읽힌다.

트위터를 업무에 활용하기 위해서는 '검색'이 필요하다. 트위터는 여러 사람이 동시에 이용하고 동시에 대화를 나누는 공간이다.

새로운 업무 기획이 있으면 기획 아이디어를 짜내는 단계에서 다른 사람이 어떻게 생각할지 궁금한 부분을 트위터에서 검색해본다. 그러면 그 아이디어에 관해서 다채로운 사람이 각자 어떤 경향을 지니고 있는지 알 수 있다. 예를 들어 검색창에 '아이폰'이라고 입력하면 그 시점에 여러 사람이 아이폰에 관해서 어떻게 생각하고, 아이폰이라는 단어를 어떤 문맥에서 사용하는지 일목요연하게 검색된다. 특히 발표된 지 얼마 안 된 새로운 상품이나 새로운 개념에 관해서는 매우 활발한 대화가 오간다는 사실을 알 수 있다.

물론 이렇게 얻은 정보는 개인의 감상에 불과하므로 그대로 받아들이는 것은 위험하다. 그러나 검색이 많이 된다는 것은 그만큼 많은 사람이 공감하고 있다는 의미이기도 하다. 웹 검색과 마찬가지로 정확도가 낮은 정보이긴 하지만, 생생한 현장의 목소리를 들을 수 있다는 의미에서 가치 있는 수단이다.

 ## 트위터 앱 파랑새 사용하기

트위터 앱인 파랑새를 사용하는 방법에 대해 알아본다.

01 [파랑새]를 실행하면 친구들 이야기와 아래쪽에 사용 가능한 메뉴 아이콘들이 보인다.

02 [댓글]을 터치하면 내가 언급된 글이 표시된다.

03 [쪽지]를 터치하면 상대방과 나만 볼 수 있는 쪽지 내용이 표시된다.

04 [검색]을 터치하여 알고 싶은 내용을 입력하면 트위터에 올린 친구들이 해당 내용에 대해 어떤 생각을 하는지 볼 수 있다.

05 화면 위쪽 오른쪽의 [아이콘]를 터치하면 [새 글 쓰기] 화면이 표시된다.

06 글을 쓰고 [보내기]를 터치한다.

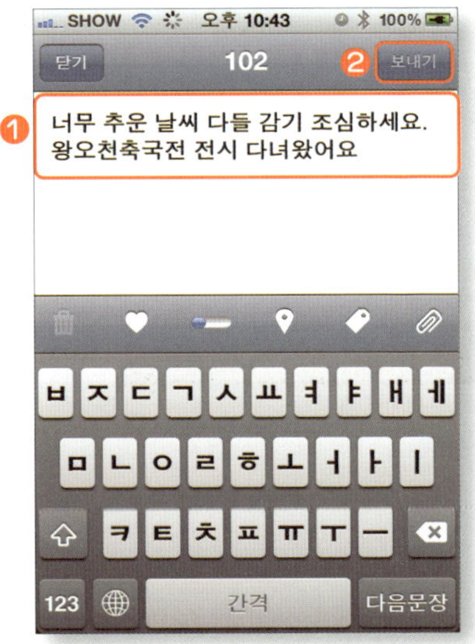

07 트위터에 내 글이 올라갔다. 다른 친구들이 내 글을 볼 수 있다.

08 컴퓨터 화면에서도 같은 내용을 볼 수 있다.

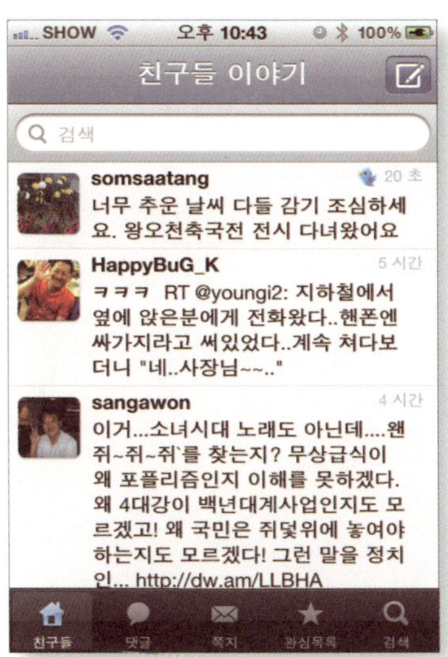

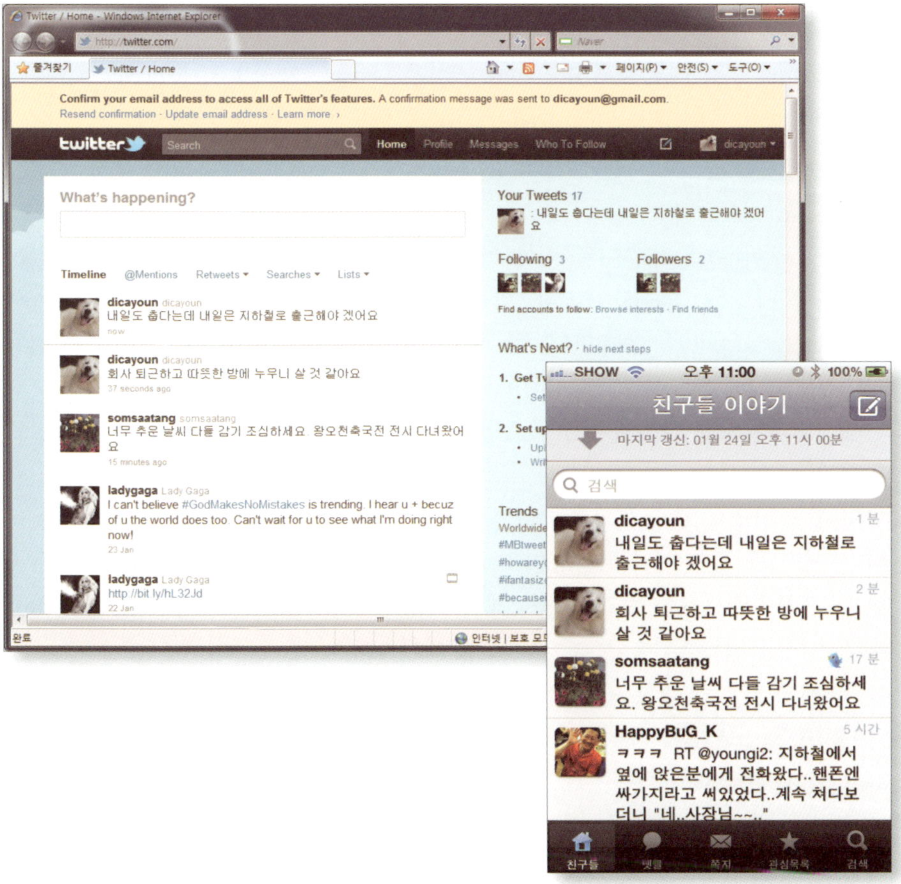

38 아날로그와 디지털을 융합시키는 디지털 펜

아이폰과 직접 관계는 없지만 소개하고 싶은 제품이 하나 있다.

지금까지 설명한 것처럼 필자는 많은 메모를 디지털화한 뒤 검색, 추출을 통해 손쉽게 관리할 수 있게 되었다. 이러한 필자의 이야기를 들으면 "인터뷰 메모도 타이핑하십니까?"라는 질문이 반드시 따라온다.

하지만 필자는 극히 일부 예외를 제외하고는 인터뷰 메모를 손으로 쓰고 음성으로 남겨둘 뿐, 거의 타이핑하지 않는다.

그 이유는 **타이핑을 하면 잃어버리는 무언가가 있다**고 느껴지기 때문이다. 인터뷰 기사에서는 상대방이 하는 말의 내용뿐만 아니라 표정과 말투 등의 분위기를 표현하는 것이 중요하다. 그러나 컴퓨터로 타이핑해버리면 그런 미묘한 뉘앙스를 기록하지 못하고 놓쳐버리는 기분이 든다. 인터뷰 상대방이 칠판에 그림을 그리면 그 그림도 기록해두어야 한다. 그러므로 필자의 취재 메모 안에는 화살표, 강조 표시, 도표 등이 어지럽게 섞여 있다. 그런 부분도 취재 메모의 일부라고 생각한다.

하지만 1년에 50건 가까이나 되는 인터뷰 내용이 종이에만 기록되어 있으니 관리하기 번거로운 것도 사실이다. 그래서 필자는 미국 벤처기업인 Livescribe 사의 [Pulse Smartpen]을 사용한다. 이 펜을 전용 노트(레이저 프린터로 출력한 전용지도 괜찮다)에 메모하면 펜에 내장된 메모리에 필적 기록이 데이터화되어 저장된다. 그 데이터를 컴퓨터에서 읽으면 종이에 쓴 것과 똑같은 내용이 그림 파일로 표시된다.

이 제품의 장점은 손글씨와 목소리를 동시에 디지털화해서 기록할 수 있다는 점이다. 전용 노트 또는 컴퓨터에 입력된 손글씨 화면의 해당 부분을 펜이나 마우스로 클릭하면 **메모하던 순간의 목소리가 재생된다**. 즉 남겨진 메모를 보면서 필요하다고 여겨지는 부분을 누르면 그 순간 어떤 대화가 오갔는지 확인할 수 있는 것이다. 전용 노트는 보통 노트보다 비용이 많이 들지만(필자는 1년에 30달러가량 비용이 드는 노트를 사용한다), 그래도 그만한 가치를 하기 때문에 흡족하게 사용하고 있다. 손글씨 메모를 그림 파일로 만들어 에버노트에 등록하면 아이폰에서도 손쉽게 참조할 수 있다는 점도 매력적이다.

39 [패스트핑거]로 손글씨 메모를 한다

디지털 펜을 사용하지 않고 손글씨 메모를 쓰고 싶을 때도 아이폰 앱을 이용하면 된다.

비슷한 컨셉트의 앱은 많지만 그 가운데서도 가장 마음에 드는 것은 패스트핑거(FastFinga)이다. 패스트핑거에서는 화면상에 크게 쓰인 글자가 자동으로 축소, 정리되어서 종이에 가지런히 쓰인 글씨처럼 기록된다.

손가락으로 쓰는 손글씨는 내용이 어수선하고 읽기 어려운 경우가 많은데, 패스트핑거는 글씨가 비교적 읽기 쉽고, 써내려가는 속도도 빠르다.

전화를 받으며 메모할 때, 전철에서 내리기 직전 등 키보드 화면으로 침착하게 입력할 수 없는 상황에서는 패스트핑거를 통해 일단 적어놓은 뒤 나중에 텍스트화해서 다시 입력하는 방법이 주된 활용법이다.

패스트핑거에는 다 적은 메모를 에버노트로 간편하게 보내는 기능도 있다. 그림 파일로 저장되었기 때문에 검색에 걸리지는 않지만, 어쨌든 아이디어를 메모로 남길 수 있는 한 가지 방법이다. 아이디어가 사라지지 않도록 하기 위해서는 이처럼 여러 가지 대비책을 마련해두는 것이 중요하다.

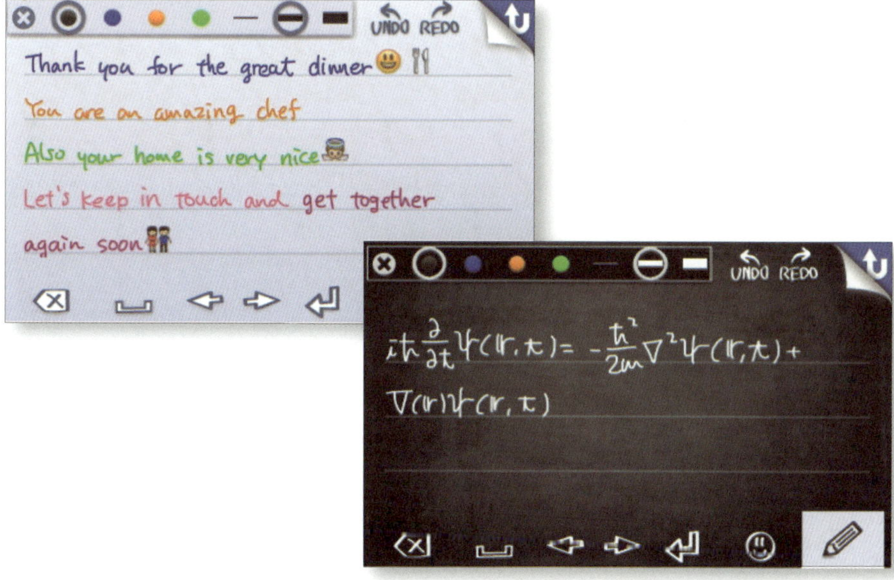

이동 중이나 출장지에서 활용할 수 있는 테크닉

40 네이버 지도에서 길찾기를 참조해서 이동한다

아이폰에는 여러 가지 지도 서비스가 있다. 앱으로 제공되는 서비스도 있고, 웹브라우저를 거쳐서 구동하는 서비스도 있으며 그 특징도 각각 다르다.

여기서는 [네이버 지도]를 이용하여 목적지까지 찾아가는 기능에 대해 알아보자. 네이버의 [빠른길찾기] 기능을 이용하려면 App Store에서 [네이버 지도] 앱을 다운받아 이용하면 된다. 길찾기 서비스의 장점은 직관적이라는 데 있다. 출발지와 목적지를 입력하기만 하면 경로를 즉시 보여준다. 또 걸어가는 방법과 대중교통을 이용하는 방법도 제시해준다.

나침반 기능을 갖춘 아이폰 4G에서 [지도] 기능을 구동시키면 자신이 걸어가는 방향을 체크할 수 있다는 장점도 있으며, 현지 지도를 볼 수도 있다.

따라하기 네이버 지도에서 길 찾기

네이버 지도를 App Store에서 검색하여 설치한 다음 실행한다.

01 [네이버 지도]를 실행한다. 화면 아래쪽의 [빠른길찾기]를 터치한다.

02 현재 위치 정보를 사용한다는 내용이 나타나면 [승인]을 터치한다.

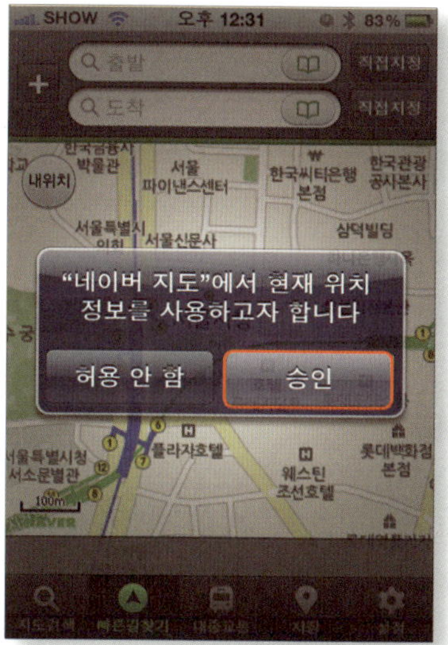

03 [출발]을 터치하여 출발할 곳을 입력한다.

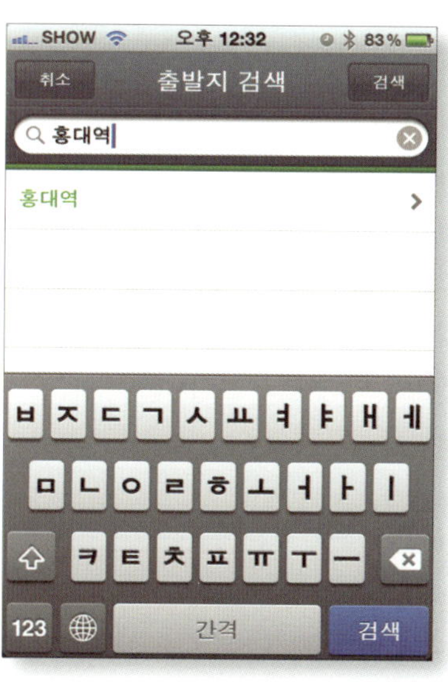

04 출발지 검색 결과에서 출발지를 터치하여 선택한다. 여기서는 [홍대입구역]을 터치했다.

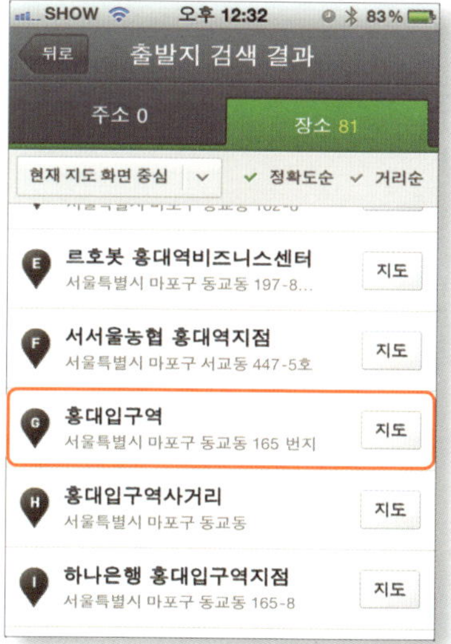

05 [홍대입구역]이 출발지로 설정되었다.

 이제 [도착]을 터치한다.

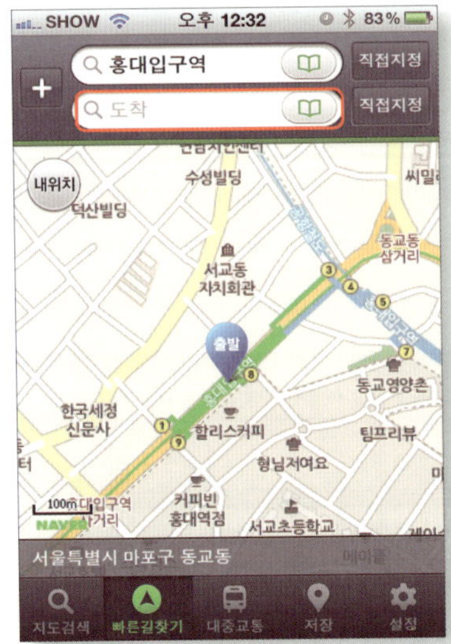

 도착할 곳을 입력한다. 입력 내용과 같은 결과물이 있으면 목록에 바로 표시된다.

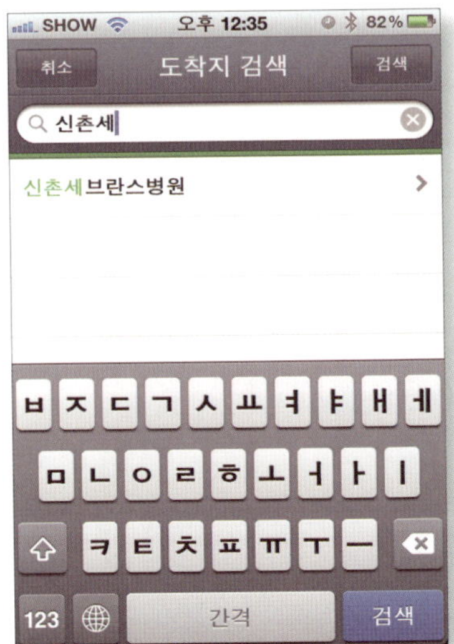

 [도착지 검색 결과] 화면에서 도착할 곳을 터치한다.

146

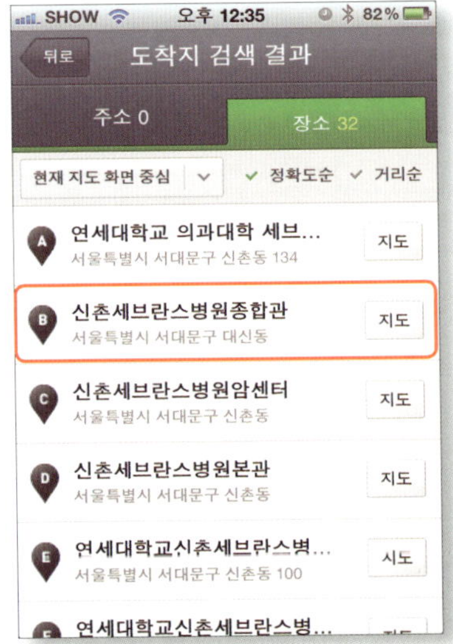

 도착지가 지도에 표시된다.

 [자동차]와 [대중교통]으로 가는 빠른 길을 표시해준다.

 [대중교통]을 선택하면 버스 노선 번호 등이 표시되어 이용할 수 있는 대중교통을 확인할 수 있다.

 선택한 버스 노선으로 도착지까지 갈 수 있는 방법을 알 수 있다. [지도]를 터치해보자.

 출발지에서 도착지까지의 경로가 지도에 표시되어 한눈에 볼 수 있다.

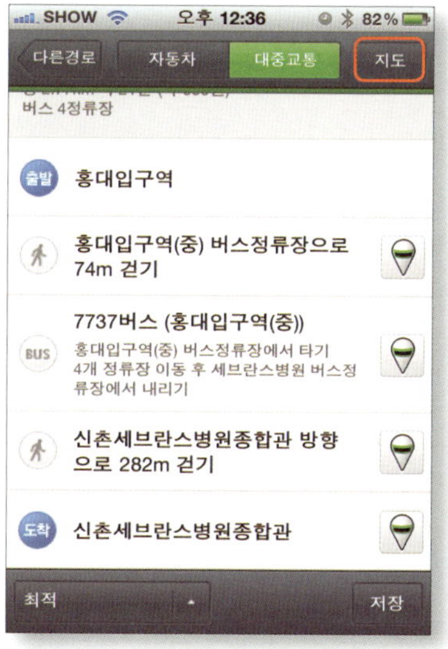

41 양손이 모두 바쁠 때는 음성 검색을 사용한다

아이폰과 같이 웹브라우저가 우수한 휴대폰을 갖고 있다보면 자연스럽게 이동 중에도 인터넷 검색을 통해 정보를 수집하고 싶어지는 마음이 든다.

그럴 때는 당연히 검색창에 검색어를 입력해서 웹서핑을 시작하기 마련이다. 그런데 글자를 입력하지 않고도 검색할 수 있는 강력한 도구가 있는데, 바로 **구글의 '음성 검색'**이다.

음성 검색이란 검색어를 발음하는 사람의 목소리를 인식해서 검색 결과를 내놓는 기술이다. 음성 검색이 잘 될까 의심스러워할 수도 있으나 한 번 시도해보길 바란다. 필자는 지금까지 30~40회 정도 음성 검색을 해봤는데, 필자가 기억하는 한 목소리를 잘못 인식한 적은 딱 한 번뿐이었다. 타이핑해서 입력하는 것보다 훨씬 짧은 시간에 검색할 수 있다.

이 기능은 구글 모바일 앱(Google Mobile App)을 다운받아야 이용할 수 있다. 가격은 무료이다. [검색] 화면 위쪽에 있는 마이크 형태의 아이콘을 터치하고 검색하고 싶은 키워드를 말하기만 하면 된다. 그러면 목소리가 그 자리에서 해석되고 바로 검색 결과가 표시된다.

 # 구글 모바일 앱 사용하기

구글 모바일 앱을 App Store에서 다운받아 설치한다.

01 구글 모바일 앱을 설치한 다음 처음 실행하면 다음과 같이 위치 정보에 대해 묻는다. [승인]을 터치한다.

02 이어 푸시 알림에 대해 묻는 화면이 표시되면 [승인]을 터치한다.

03 [Google] 화면이 표시된다. 알림이 표시되면 [알림 사용]을 터치한다.

04 [로그인] 화면이 표시되면 이메일과 비밀번호를 입력하고 [로그인]을 터치한다.

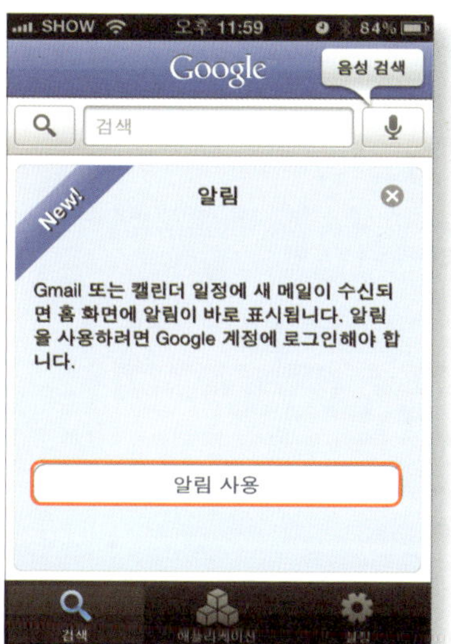

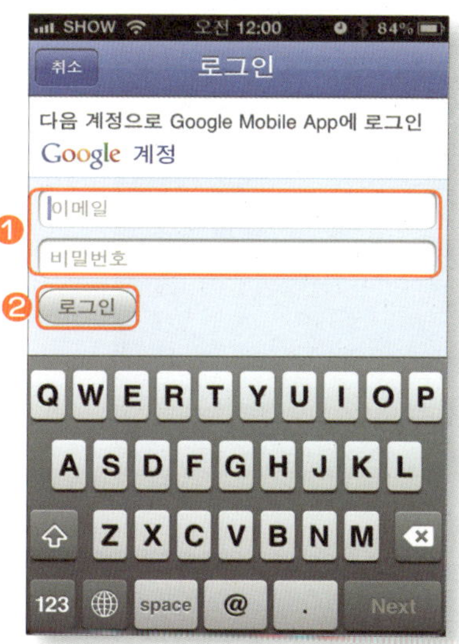

 [계정] 화면이 표시되면 Gmail과 캘린더를 사용할 것인지를 설정하고 [계정]을 터치한다.

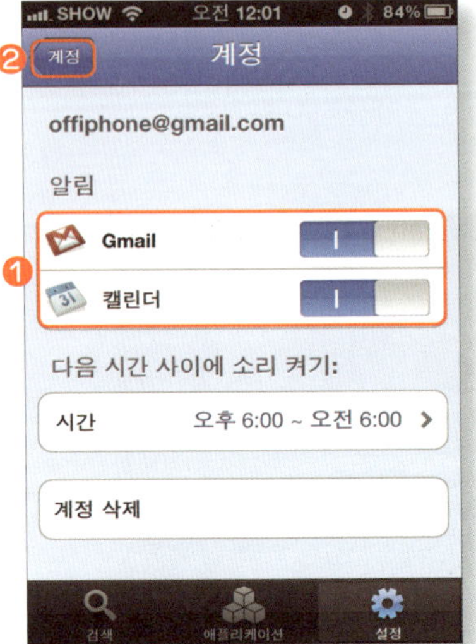

 [Google] 화면에서 음성 검색 아이콘을 터치한다.

 [말하기] 화면이 표시되면 검색하고 싶은 내용을 또박또박 말한다. 여기서는 "아이폰 4"라고 말했다.

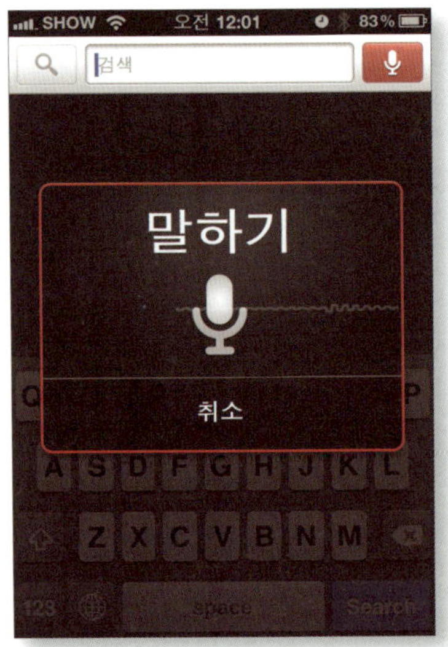

 '아이폰4'가 검색어에 입력되었으며, 그에 따른 검색 결과가 표시되었다.

09 결과 화면에서 ⌄ 를 터치하면 Safari에서도 이 검색어에 대한 검색 결과를 볼 수 있다. ⌄ 를 터치하고 [Safari에서 열기]를 터치한다.

10 Safari에서도 '아이폰4' 검색 결과를 확인할 수 있다.

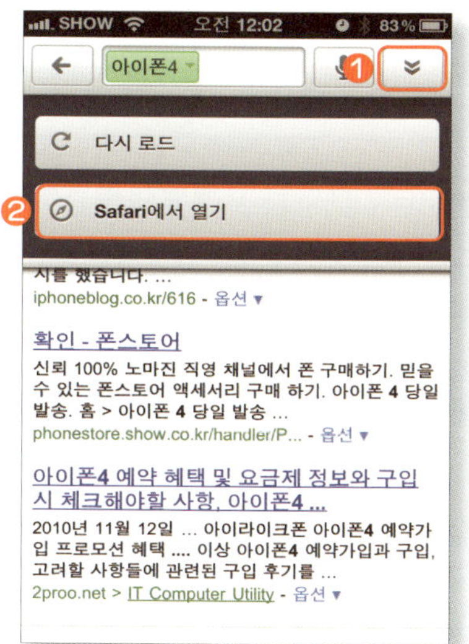

42 프레젠테이션은 아이폰을 손에 쥐고 한다

강연이나 프레젠테이션을 할 때 가장 도움을 많이 받는 도구는 프레젠테이션 프로그램과 컴퓨터이다. 어떤 프로그램을 사용하든지 간에 작업의 흐름은 동일하다. 마우스와 키보드로 컴퓨터를 조작해서 화면을 바꾸며 이야기를 이어나가는 식이다.

이때 많은 사람이 화면 전환 등을 하기 위해 컴퓨터 앞에 서서 컴퓨터를 마주 보고 이야기하게 된다. 하지만 이것은 잘못된 자세다.

필자는 업무상 세계적인 프레젠테이션 달인의 강연을 볼 기회가 많았는데, 그들의 프레젠테이션 기법에는 공통점이 하나 있다. 바로 컴퓨터 앞에 서지 않는다는 점이다. 프레젠테이션의 달인인 애플의 CEO 스티브 잡스, 소프트뱅크의 손정의 사장 등은 프레젠테이션 내용을 100% 암기한 후 무대에 서서 열정적으로 움직이며 강연을 이어나간다. 큰 동작을 취하려면 당연히 컴퓨터에서 떨어져 있어야 한다.

필자도 프레젠테이션을 할 때는 최대한 컴퓨터에서 떨어지려고 노력한다. 그렇다고 페이지를 넘겨주는 사람이 따로 있는 것은 아니다. 페이지는 아이폰이 넘기게 하는 것이다.

컴퓨터와 연계해서 프레젠테이션 페이지를 넘길 수 있는 아이폰용 앱이 있다. 실행 방법은 단순하다. 컴퓨터와 아이폰 각각에 두 기계를 연계하기 위한 소프트웨어를 설치하고, 같은 네트워크상에 배치한 뒤 소프트웨어를 구동시키기만 하면 된다. 그러면 아이폰 앱에서 컴퓨터를 원격 조종할 수 있다.

프레젠테이션 자료와 실제 프레젠테이션에서 하는 이야기가 똑같다는 보장은 없다. 준비된 자료 이외의 중요한 정보를 이야기하는 경우도 많고, 한 페이지 안에서 이야기해야 할 것을 별도로 정리해둘 필요도 있다. 최신 프레젠테이션 소프트웨어에는 청중에게 표시되는 화면과는 별도로 강연에 필요한 내용을 강연자에게 보여주는 기능이 있다. 이 기능을 '발언자 노트'라고 한다. 예를 들어 키노트 리모트로 프레젠테이션 자료와 발언자 노트를 동시에 표시하면서 페이지를 넘길 수 있다. 이렇게 하면 컴퓨터에서 떨어진 채 아이폰을 보면서 프레젠테이션을 할 수 있다.

다만 이 방법에는 두 가지 어려운 점이 있다.

첫째, 설정이 번거롭다. 보통 프레젠테이션 회장에는 무선 LAN이 없는 곳이 있다. 또 메일이나 전화가 와서 프레젠테이션에 방해가 되지 않도록 외부와의 통신을 끊는 것이 좋다. 하지만 실제로는 컴퓨터와 아이폰을 직접 연계하는 애드혹 모드(adhoc mode)를 사용할 필요성이 생긴다. 컴퓨터에 능숙한 사람이라면 별 문제 없지만 그렇지 않은 사람에게는 꽤 난감한 작업이 아닐 수 없다.

둘째, 포인터 기능이 없다. 프레젠테이션을 할 때는 레이저 포인터로 화면을 가리키면서 이야기하는 경우가 많다. 그렇다면 레이저 포인터를 한 손에, 아이폰을 다른 한 손에 들고 프레젠테이션을 해야 한다.

앞에서 이야기한 키노트는 매킨토시용 소프트웨어이다. 윈도우 컴퓨터와 파워포인트를 사용하는 사람을 위해서는 [탭넥스트(TapNext)]라는 앱을 추천한다. 이 앱은 발언자 노트 기능은 없지만 보통의 휴대폰 회선으로도 컴퓨터와 연계할 수 있고, 프레젠테이션 시간을 설정하면 남은 시간을 적절히 조절하면서 프레젠테이션을 마칠 수 있도록 해준다는 장점도 있다. 인터넷에 접속할 수 있는 환경에 있으면서 복잡한 설정을 잘 못하는 사람에게 적합하다.

윈도우에서는 [탭넥스트(TapNext)] 앱이 편리하다

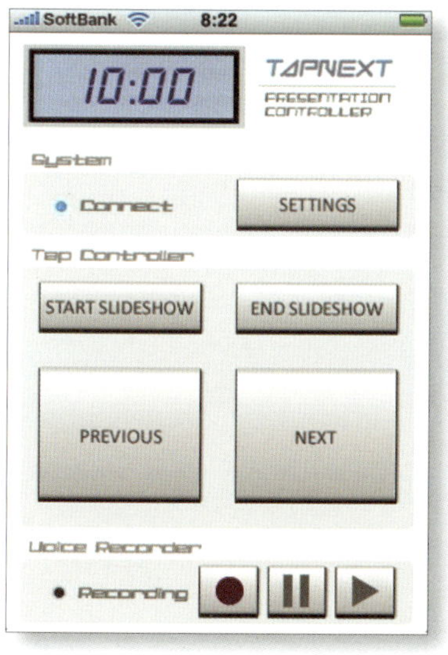

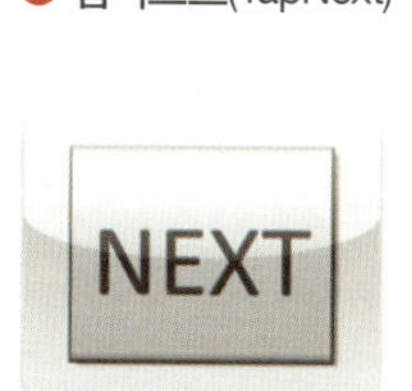

탭넥스트(TapNext)

3.99달러

탭넥스트로는 휴대폰 회선을 이용한 리모트 컨트롤이 가능하다.

43 [다이멘션] 앱으로 크기를 측정한다

외출했을 때 의외로 간절히 생각나는 물건이 무엇일까?

필자의 경우는 자이다. 제품 크기를 재기 위해서 사용하는 경우가 많은데, 사소한 물건을 살 때라도 집에 있는 다른 물건과 크기를 맞춰서 사야 하기 때문에 자가 절실히 필요해진다.

그런데 요즘에는 굳이 자를 갖고 다니지 않아도 문제없게 되었다. 때마침 아이폰용 앱인 [다이멘션(Dimension)]을 발견했기 때문이다.

이 앱의 원리는 피식 웃음이 나올 정도로 단순하다. 화면에서 측정 도구를 선택한 후 화면상에 비친 대상을 측정하면, 대상과의 거리 등을 감안하여 대상의 실제 크기를 추측해주는 것이다. 다른 앱과의 차이라면 [캘리퍼스]와 [거리계] 기능도 갖추고 있다는 점이다.

물론 어차피 '어림짐작'이기 때문에 정확한 크기는 잴 수 없다. 하지만 대략적인 크기를 알아내는 데는 문제가 없다. 실물 측정 도구를 갖고 다니기보다는 이 앱 하나만 넣고 다니는 편이 더 낫다. 언뜻 보기에는 장난 같은 앱이지만 실제로는 꽤 실용적이다.

문제점은 전부 영어로 되어 있다는 점이다. 물론 '인치/피트'에서 '센티/미터'로 설정을 바꿀 수는 있다.

⬢ 다이멘션(Dimension)

1.99달러

Rythme
Foulée
Distance
Style
Vitesse
0.05
Km
RESET

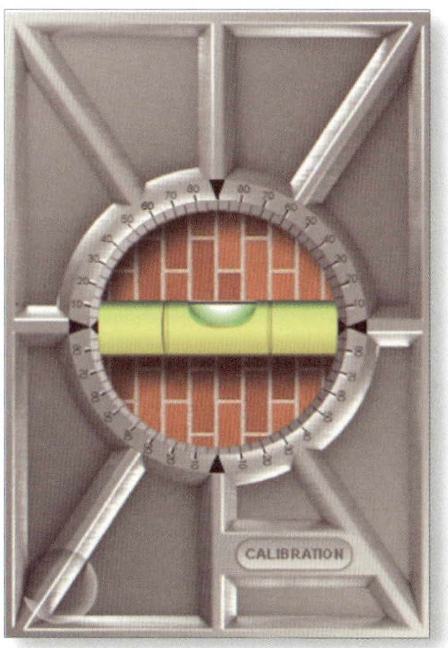
CALIBRATION

1m80
14 m 31 cm

44 휴대폰이 두 대라면 통화를 '전송'한다

아이폰 이외의 다른 휴대폰을 사용하는 사람도 있을 것이다. 회사에서 업무용으로 아이폰을 지급받았거나 반대로 게임용으로 아이폰을 사용하고 회사에서는 보통의 휴대전화를 이용하는 사람도 있다. 그러한 사람이 편리하게 사용할 수 있는 기능으로 특정 전화로 걸려오는 통화를 다른 휴대폰에서 받을 수 있도록 전송하는 방법이 있다. 아이폰에는 어느 번호로 걸려오는 통화를 다른 전화에 자동으로 진송되도록 하는 기능이 있다. 다른 휴대폰도 물론 이 기능이 있다. 예를 들어 아이폰을 서비스하는 KT도 착신 전환 서비스를 제공한다.

 착신 전환 설정하기

착신 전환을 설정하면 아이폰으로 오는 전화를 다른 휴대전화나 전화기로 받을 수 있다.

01 홈 화면에서 [설정] 앱을 터치하면 [설정] 화면이 표시된다. [전화]를 터치한다.

02 [전화] 화면이 표시되면 [착신통화전환]을 터치한다.

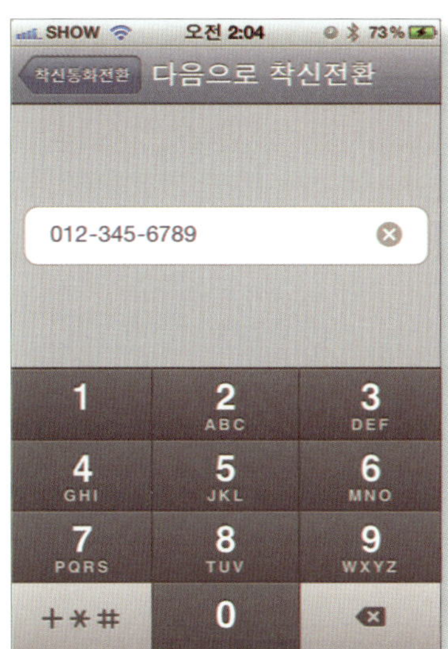

05 착신전환을 하기 전에 이 기능을 사용할 수 있도록 착신전환 서비스에 가입해야 한다.

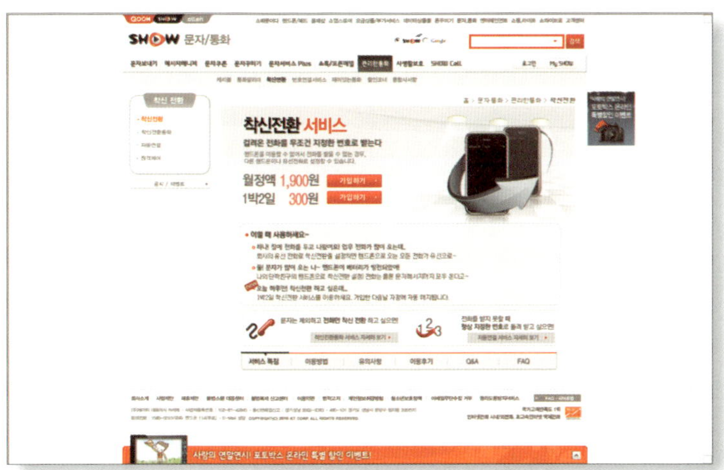

45 헤드폰을 쓴 채 통화한다

아이폰으로 통화할 때 블루투스 헤드셋을 사용하는 사람이 많다. 기계에 관심이 많은 사람이나 운전을 많이 하는 사람에게는 블루투스 헤드셋이 애지중지하는 보물이나 다름없다.

그런데 필자는 블루투스 헤드셋을 사용하지 않는다. 그 이유는 의외로 불편하기 때문이다.

필자는 시내에서 운전하는 경우가 거의 없기 때문에 무선으로 통화할 이유가 없어 자연히 블루투스 헤드셋에 매력을 느끼지 않았다. 또 아이폰과 헤드셋의 배터리 잔량을 양쪽 모두 각각 관리해야 하는 일도 번거롭다. 아이폰처럼 집에 도착하자마자 충전기에 꽂아둘 수 있으면 좋겠지만, 그런 형식은 오디오용에 많고 통화용에는 거의 없다.

꼭 무선을 써야 하는 것이 아니라면 아이폰에 딸린 헤드폰을 사용하는 방법도 있다. 언뜻 단순해보이는 헤드폰이지만 오른쪽 코드 부분에 작은 마이크와 조작 단추가 달려 있어서 목소리를 모아준다.

하지만 필자는 부속 헤드폰도 사용하지 않는다. 아이폰의 헤드폰은 부속품으로서는 질이 괜찮은 편이지만 역시 음질을 따지자면 불만스럽다.

필자는 마이크가 없는 헤드폰을 사용한다. 그런데 이런 헤드폰을 쓴 상태에서 전화가 오면 헤드폰을 귀에서 떼어내야 할까? 그렇지 않다. 헤드폰을 쓴 채 아이폰을 귀에 대고 평소와 다름없이 통화하면 된다. 자신의 목소리는 아이폰 본체에 설치된 마이크로 전송되고, 상대방의 목소리는 헤드폰에서 들려오기 때문이다.

아이폰업무활용기술

46 헤드셋을 사용한다

아이폰 사용 중에 블루투스 헤드셋을 사용하는 편이 좋은 상황이 두 가지 있다. 첫째, 운전할 때이다. 운전할 때는 안전을 위해서 헤드셋을 쓰고 통화해야 한다. 자동차 의존도가 높은 미국에서는 블루투스 헤드셋 이용률도 놀라울 정도로 높다.

둘째, 전화기를 두 대 이상 가지고 다니는 경우이다. 두 대 모두 블루투스 헤드셋을 사용할 수 있다면 헤드셋 하나로 전화기 두 대를 사용할 수 있는 셈이다.

가장 좋은 제품은 멀티 포인트가 되는 블루투스 헤드셋이다. 멀티 포인트란 같은 기능을 지닌 두 대 이상의 기계를 동시에 이용할 수 있도록 하는 기술이다. 멀티 포인트가 되는 블루투스 헤드셋은 휴대폰 두 대와 접속을 설정하면 어느 휴대폰으로 걸려오는 전화든지 모조리 받을 수 있다. 예를 들면, 플래트로닉스의 'Voyager 510'이 멀티 포인트 기능을 갖췄다.

➔ 헤드폰을 쓴 상태에서 전화가 오면 그 상태 그대로 통화한다

자신의 목소리는 아이폰 본체에 설치된 마이크로 전송되고, 상대방의 목소리는 헤드폰에서 들려오기 때문에 헤드폰을 일일이 벗고 통화할 필요가 없다

47

통화하면서 스케줄을 체크한다

통화하면서 아이폰을 활용할 수 있는 테크닉을 하나 더 소개한다.

상대방과 전화로 이야기할 때 [캘린더]의 스케줄을 확인하고 싶거나, 메모를 사용하고 싶거나, 다른 사람의 전화번호를 알기 위해 [연락처]를 들여다보고 싶어질 때가 있다. 종이 수첩에 적었으면 쉽게 볼 수 있겠지만, 어떤 휴대폰에서는 전화를 끊었다가 필요한 내용을 확인한 후 다시 전화를 거는 작업을 해야 하는 것도 있다. 하지만 아이폰에서는 그런 고민을 할 필요가 없다. 통화하면서도 각 앱을 쉽게 조작할 수 있기 때문이다.

통화 중에 [홈] 단추를 눌러보면 익숙한 홈 화면으로 바뀐다. 이후로는 자유롭게 앱을 바꿔가면서 정보를 체크할 수 있다. 이 상태의 화면을 잘 살펴보면 보통 때와 다른 점을 발견할 수 있다. 화면 위쪽을 보면 통화 중에는 이 부분이 녹색이 된다. 이 녹색 부분을 터치하면 다시 통화 화면으로 돌아간다.

자료를 찾는 시간이 짧다면 상대를 잠깐 기다리게 하고 정보를 확인한 후 얼른 통화 화면으로 돌아오면 된다. 한편, 자료를 보면서 통화하고 싶거나 메모를 보고 싶을 때는 통화 화면상에서 [스피커]를 터치해라. 스피커 통화 모드가 되면 상대의 목소리가 스피커를 통해 나오므로 앱을 조작하면서 대화할 수 있다.

 **통화하면서 앱 사용하기**

01 통화 화면이다. 헤드셋을 사용하고 있다면 그대로 [홈] 단추를 누른다.

02 헤드셋을 사용하고 있지 않다면 [스피커]를 터치하여 스피커로 소리를 들으면서 [홈] 단추를 누른다.

03 [홈] 단추를 누르면 화면 위쪽이 녹색으로 표시되며 현재 통화중인 것을 알 수 있다.

04 이 상태에서 필요한 작업을 수행한다. 인터넷을 이용하다가 녹색 부분을 터치하면 다시 통화 화면으로 돌아간다.

48 해외에서는 [통신료]와 [통화료]를 조심한다

아이폰으로는 해외에서도 전화를 걸거나 메일을 보낼 수 있다. 해외 로밍 서비스가 제공되기 때문이다. 필자는 미국을 중심으로 연간 4~5회 외국으로 출장을 가는데, 그때마다 아이폰을 그대로 들고 가서 이용한다.

하지만 해외 로밍 서비스에서 주의해야 할 점도 있다. 바로 통신료와 통화료이다. 국내에서는 싼 가격에 통화할 수 있지만 해외 로밍 서비스는 통화료가 비싸고 정액 서비스도 적용되지 않으니 주의한다.

아이폰에서 특히 문제가 되는 것이 데이터 통신료이다. 국내에서는 기본적으로 월 정액제로 자유롭게 사용하지만 해외 로밍에서는 다르다. 만약 일본에서 데이터 통신을 이용할 경우 1KB당 14원이다. 네이버 메인 페이지의 용량이 대략 1.3MB 정도이므로 네이버와 같은 포털 사이트의 홈페이지에 한 번 접속하는 것만으로도 14,000원 정도의 데이터 통신료를 내게 되는 것이다.

그러므로 해외에서는 아이폰의 휴대전화망 통신 기능을 꺼버리는 것이 좋다. 이 부분을 신경 쓰지 않고 그냥 넘어가면, 나중에 수십만에서 수백만 원에 달하는 청구서를 받아들 가능성도 있다. 그야말로 요금 폭탄인 셈이다.

해외 로밍 데이터 통신을 사용하지 않기 위해서는 설정을 확인한다. 아이폰 화면에서 [설정]→[일반]→[네트워크]에 들어가면 화면 가운데에 [데이터 로밍]이라는 항목이 있다. 이것을 꺼버리면 해외 휴대전화망에서 통신이 이루어지지 않는다.

선진국의 호텔, 카페, 공항 가운데 공중무선 LAN 서비스(와이파이 서비스라고도 함)를 제공하는 곳이 늘어나고 있다. 기본적으로 컴퓨터를 위한 서비스지만 당연히 아이폰으로도 이용할 수 있다. 해외에서는 이런 서비스를 주로 이용하는 것이 좋다.

 **해외 로밍 서비스 끄기**

01 홈 화면에서 [설정]을 터치하면 [설정] 화면이 표시된다. [일반]을 터치한다.

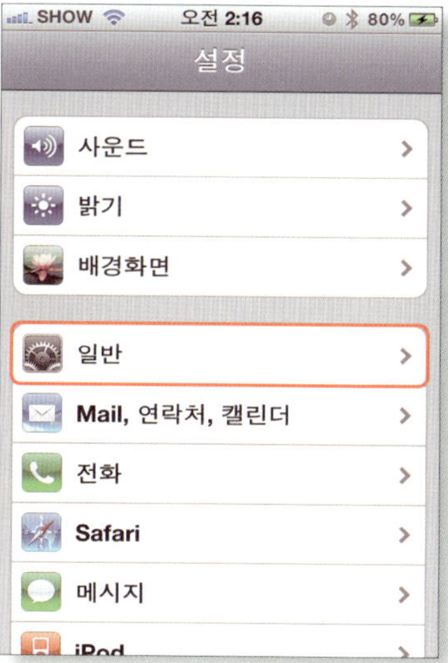

02 [일반] 화면이 표시되면 [네트워크]를 터치한다.

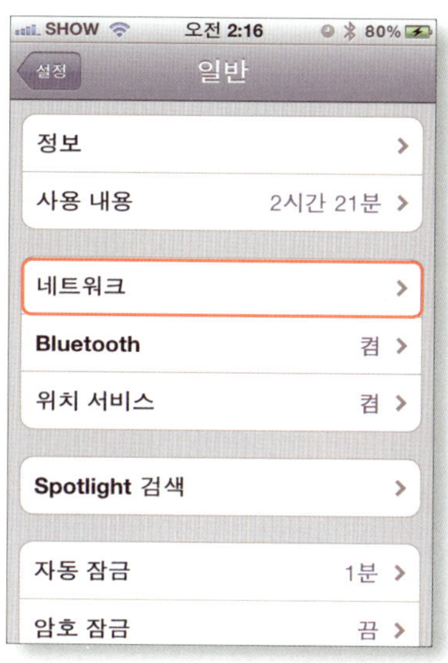

03 [네트워크] 화면이 표시되면 [데이터 로밍]을 'Off'로 설정한다.

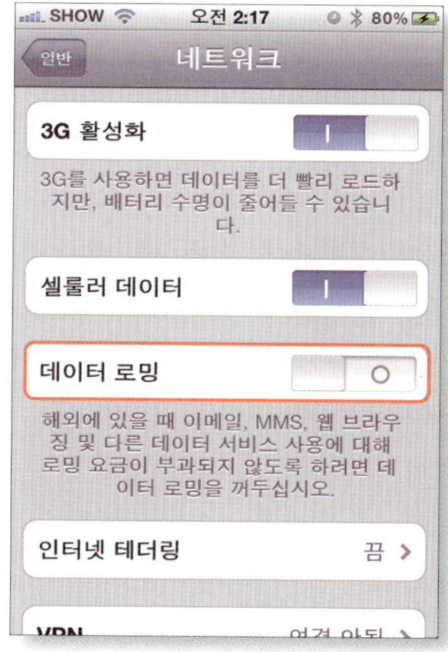

49 [통계 재설정]으로 요금 폭탄을 막는다

자유롭게 통신을 즐기던 국내 환경에 익숙해진 사람에게 [공중무선 LAN 서비스]만 사용하라고 하는 것은 가혹한 일일지도 모른다. 결국 어느 정도 비용 부담을 감수하더라도 로밍 서비스 기능을 어쩔 수 없이 이용하게 된다. 필자 또한 그런 경험이 있다.

로밍 서비스를 사용하면서도 요금 폭탄을 맞지 않기 위해서는 사용 방법에 세심한 주의를 기울여야 한다. 그 첫걸음이 [통계 재설정]이다.

통계 정보란 아이폰 사용 상황을 정리한 것이다. [설정]→[일반]→[사용 내용]에서 찾을 수 있다. 통계 정보를 한 번도 재설정하지 않았다면, 아이폰을 구입하고 나서 현재까지의 누적 사용 시간을 확인할 수 있을 것이다.

중요한 것은 아래쪽에 있는 [셀룰러 네트워크 데이터]라는 부분이다. 여기에는 최근의 [통계 재설정] 이후 사용한 데이터 통신량이 표시된다.

해외 공항에 도착하면 가장 아래에 있는 [통계 재설정]을 터치한다. 그러면 [셀룰러 네트워크 데이터]란의 [전송됨], [수신됨] 모두 0MB가 된다. 로밍 서비스로 사용하는 데이터량을 정확히 측정할 수 있는 기본 상태가 된 것이다.

로밍 데이터량을 줄이기 위한 중요한 방법에는 두 가지가 있다.

첫째, 로밍 서비스 구역에서는 웹페이지를 보지 않는다. 통신 데이터량을 늘리는 주된 요소는 사진, 음악, 동영상이다. 웹페이지에는 이런 요소들이 대량으로 포함되어 있어서 데이터량이 어마어마하므로 주의를 요한다.

둘째, 푸시 기능을 끈다. 푸시 기능은 메일이 도착할 때마다 아이폰에 자동으로 알려주면서 빈번하게 데이터 통신을 한다. 그러므로 해외에 있는 동안에는 꺼두는 편이 좋다.

 **통계 재설정 사용하기**

01 홈 화면에서 [설정]을 터치하면 [설정] 화면이 표시된다. [설정] 화면에서 [일반]-[사용 내용]을 터치한다.

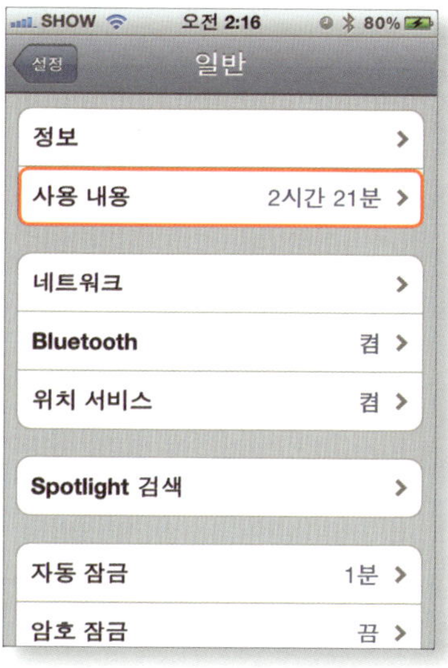

02 [사용 내용] 화면이 표시되면 화면을 아래로 내려 [통계 재설정]을 터치한다.

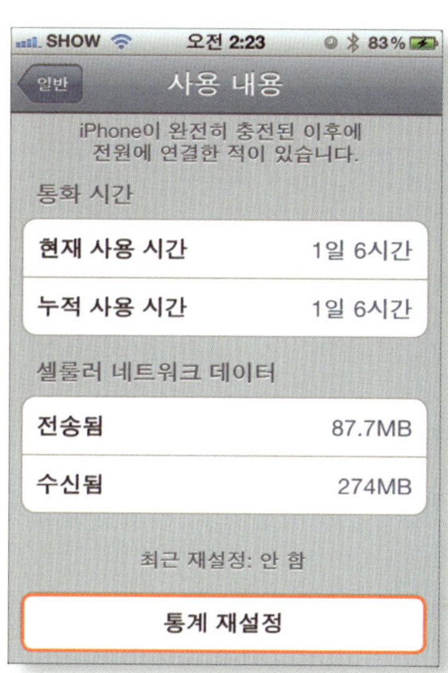

03 다음과 같은 메뉴 화면이 표시되면 [통계 재설정]을 터치한다.

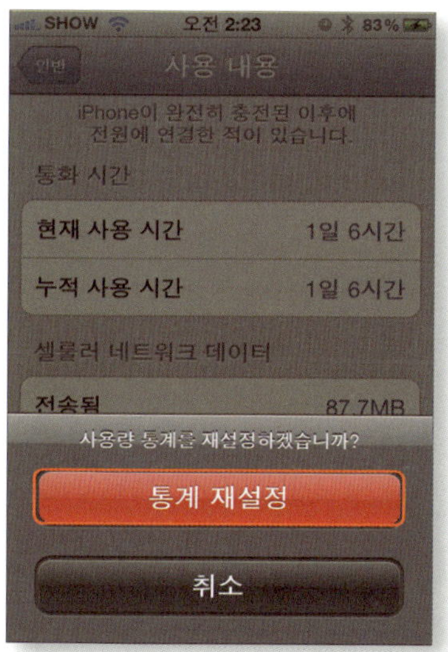

04 [전송됨]과 [수신됨]이 모두 0바이트로 표시된다.

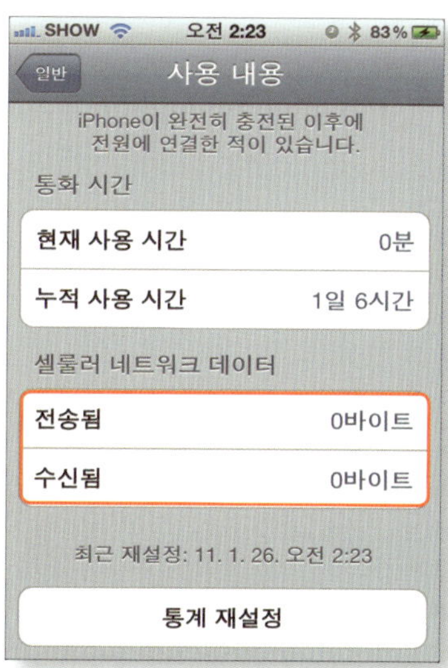

아이폰 사용법 완성하기

50 홈 화면 바깥쪽에 자주 사용하는 앱을 배치한다

아이폰을 아이폰답게 하는 특징은 두말할 것도 없이 다양한 앱을 간편하게 사용할 수 있다는 점이다. 이 책에서도 많은 앱을 소개했는데, 그러한 앱들을 활용해서 아이폰을 자신이 사용하기 편한 도구로 바꾸어야 업무 효율화가 높아진다. 필자는 2008년 7월에 아이폰을 구입한 이래 150개가 넘는 앱을 사용해봤고, 그중에서 지금까지 쭉 사용해온 것은 50여 개 정도이다.

앱은 무작정 추가하기보다 **자신이 사용하기 쉽도록 배치해야 좋다.** 자주 사용하는 앱을 일일이 찾아다녀서는 사용 효율이 떨어진다. **아이폰에서는 각 앱 아이콘을 길게 누르면 앱 위치를 이동할 수 있는 모드로 바뀌고, [홈] 단추를 누르면 보통 화면으로 돌아온다.**

오른쪽 페이지의 화면은 필자가 평상시 자주 사용하는 홈 화면이다. 앱 아이콘을 배치하는 데 간단한 규칙이 있다.

첫째 규칙은 **자주 사용하는 앱일수록 앞 페이지에 두는 것이다.** 1페이지에는 거의 매일 사용하는 앱, 2페이지에는 적어도 매주 사용하는 앱, 3페이지에는 한 달에 한 번 정도 사용하는 앱을 배치한다. 이러한 기준을 충족하지 못하는 앱은 사용하지 않는 것으로 판단하고 버린다.

결국 아무리 많은 앱이 있더라도 사용하는 앱은 한정되어 있다는 것이 필자의 결론이다. 한 달에 한 번 정도 사용하는 앱까지 다 모아도 3페이지를 넘어가지 않는다. 덧붙여, 4페이지에는 게임을 넣었다. 배터리가 아까워서 자주 하지는 못하지만 없으면 섭섭하므로 그냥 넣어두었다.

둘째 규칙은 **이용 빈도가 높은 앱을 홈 화면 바깥쪽에 두는 것이다.** 이 규칙은 특히 1페이지에서 철저하게 지켰다. 아이폰은 흔히 한 손에 쥐고 엄지손가락으로 조작한다. 특히 **앱이 바깥쪽 양옆과 아래쪽에 있을 때 자연스럽게 엄지손가락으로 작동하기 편하다.**

 ## 저자의 앱 정리법

· 1페이지 : 1페이지에는 거의 매일 사용하는 앱을 두는데 그중에서도 이용 빈도가 높은 앱을 바깥쪽에 둔다.

· 2페이지 : 2페이지에는 적어도 매주 사용하는 앱을 둔다.

· 3페이지 : 3페이지에는 한 달에 한 번 정도 사용하는 앱을 둔다.

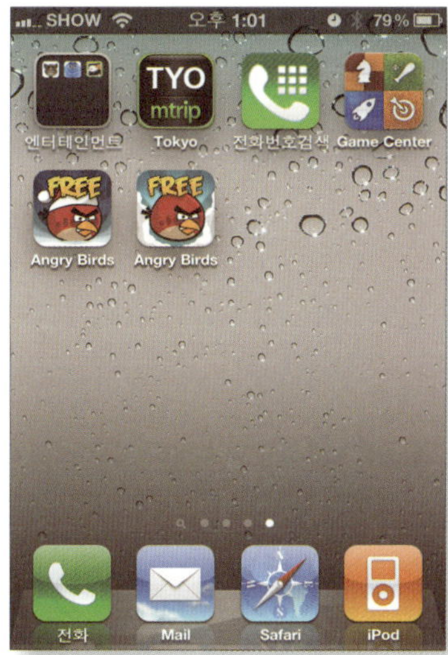

· 4페이지 : 4페이지에는 없으면 아쉬운 게임을 둔다.

51 이용 빈도가 높은 웹페이지는 아이콘화한다

아이폰은 앱을 자유롭게 늘어놓을 수 있다는 점이 매력적이다. 앱은 웹브라우저 (Safari)에서 연유한 것인데, 원래 2007년에 미국에서 첫 아이폰이 등장했을 때는 앱이 없었다. 본체에 들어있는 앱 이외에는 모두 웹을 경유해서 제공되는 서비스, 즉 '웹 애플리케이션'이었다.

Gmail처럼 웹 애플리케이션에서도 우수한 기능을 보여주는 사이트가 많다. 연합 뉴스와 같은 뉴스 웹사이트에서도 아이폰용으로 페이지를 만들어서 사용하기 쉽게 제공한다.

물론 웹사이트는 웹브라우저의 책갈피에 등록해서 불러와도 상관없다. 하지만 매일 들어가봐야 하는 웹사이트라면 홈 화면에 등록해두는 편이 좋다. 필자도 홈 화면의 1페이지에 웹서비스를 두 개 등록해두었다. 그것도 오른쪽 아래와 왼쪽 아래 하나씩 가장 중요한 포인트에 배치했다.

등록 방법은 간단하다. 웹브라우저로 등록하고자 하는 페이지에 들어간 후, 화면 아래쪽의 ⬆을 터치한다. 나오는 메뉴에서 [홈 화면에 추가]를 선택한다. [책갈피] 와 순서가 같은데, 단지 등록되는 장소가 서로 다를 뿐이다.

홈 화면에 추가한 아이콘을 터치하면 앱 대신에 웹브라우저가 구동되고 등록된 웹페이지가 자동으로 표시된다. 요약하면, 웹브라우저를 열고 특정 웹서비스를 표시하는 일련의 동작을 한번에 해준다고 할 수 있다.

 ## 웹페이지를 아이콘화하는 방법

01 Safari에서 자주 가는 사이트에 접속한 다음 ▣를 터치한다.

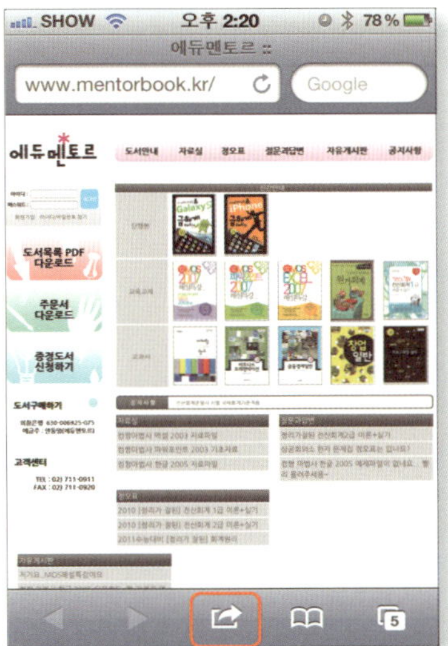

02 메뉴가 표시되면 [홈 화면에 추가]를 터치한다.

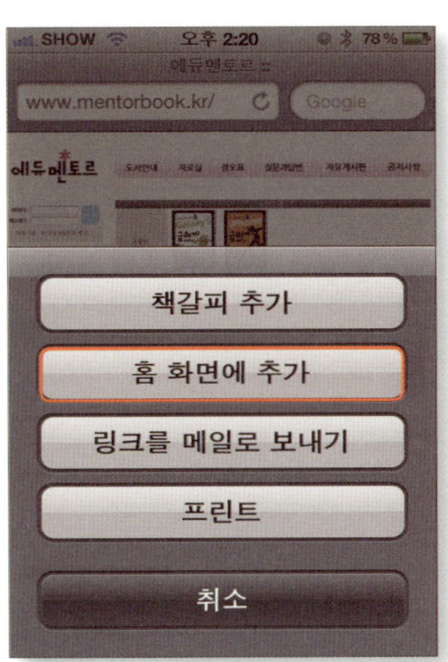

03 [홈에 추가] 화면이 표시되었다. 이름을 수정한 다음 추가 를 터치한다.

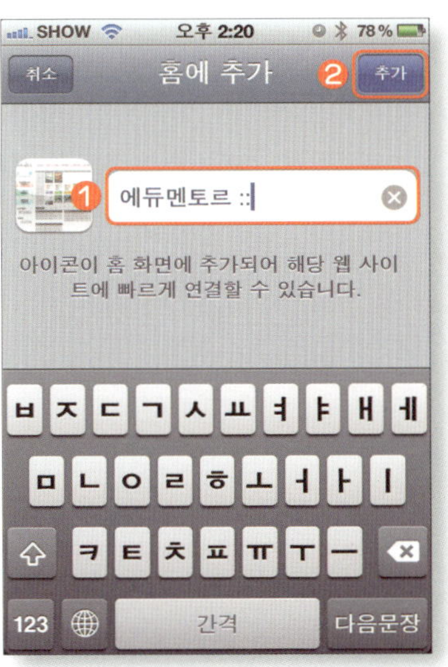

04 홈 화면에 아이콘이 만들어졌다. 다음부터는 이 아이콘을 터치하면 바로 웹사이트가 열린다.

52 명함을 교환할 때는 QR코드를 활용한다

요즘 사석에서 사람을 처음 만날 때, 특히 비교적 젊은 사람을 만나는 자리에서는 아이폰에서 바로 명함을 주고받는 일이 많다.

아이폰에 QR코드로 자신의 명함을 만들어두면 명함을 주고받지 않아도 쉽게 연락처를 주고받을 수 있다.

카메라가 달린 스마트폰 기종은 대부분 QR코드로 연락처를 등록하는 기능이 있다. 자신의 연락처를 넣은 QR코드를 미리 만들어두고 상대에게 보여주며 사진을 찍게 하면, 상대의 핸드폰에 자신의 연락처를 자동으로 등록시킬 수 있다.

이런 경우를 대비해서, QR코드 작성 앱으로 자신의 전용 QR코드를 만들어 두어야 한다. 앱에도 여러 가지가 있지만 필자는 웹 애플리케이션을 권한다. Scany(http://www.scany.net/kr)에 접속해서 자신의 정보를 입력한 후 QR코드를 생성한다. QR코드를 받았으면 앞에서 설명한 [스크린샷] 기능을 사용해서 사진을 보관해둔다. 이렇게 하면 인터넷에 접속하지 않아도 남들에게 QR코드를 보여줄 수 있다.

반대로 아이폰에서 QR코드를 읽기 위해서는 스캐니나 쿠루쿠루 등의 앱을 설치해야 한다.

QR 코드 만들기

QR 코드를 만들기 위해 먼저 Scany 사이트에 접속한다. QR 코드를 만들기 위해 회원 가입 등의 절차가 필요없다.

01 http://www.scany.net/kr 사이트에 접속한 다음 [바코드 생성]을 클릭한다.

02 다음과 같은 화면이 나타나면 [명함]을 선택한다.

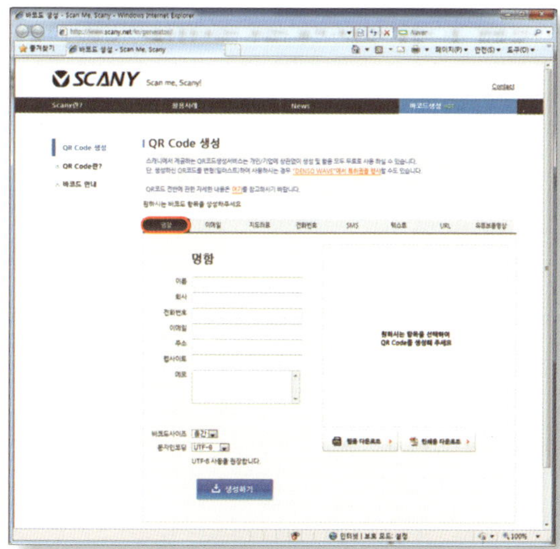

03 명함에 들어갈 내용을 입력하고 [생성하기] 단추를 클릭한다.

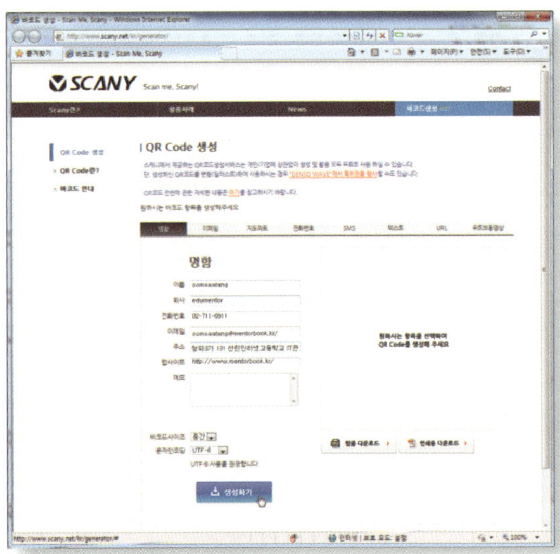

04 QR 코드가 만들어졌다. [웹용 다운로드] 단추를 클릭하여 QR 코드를 이미지 파일로 저장한다.

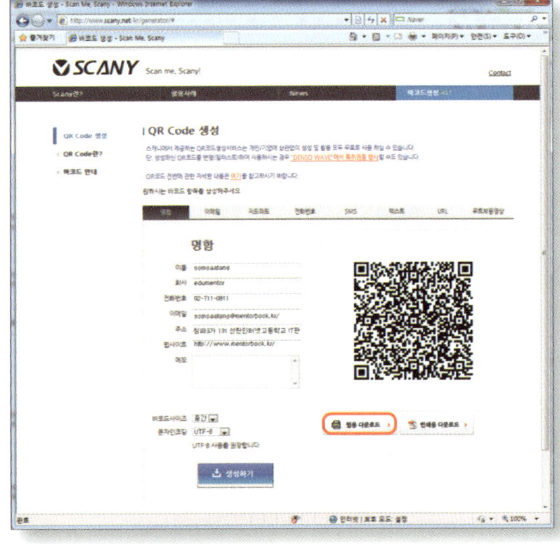

05 앞에서 생성한 QR 코드를 자신의 아이폰에 이미지 파일로 저장해둔다. 저장한 QR 코드 이미지를 터치한다.

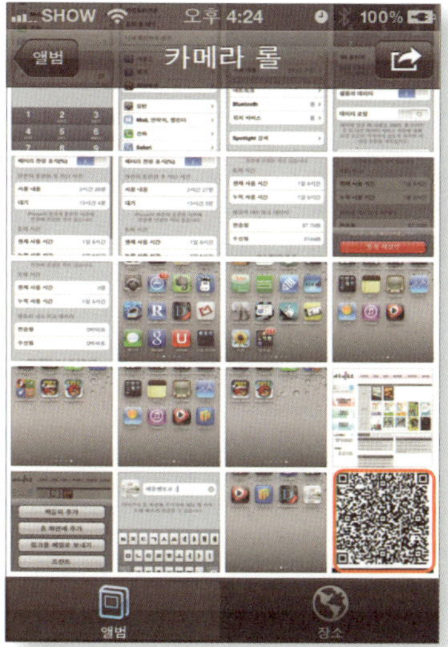

06 QR 코드가 크게 표시된다.

07 App Store에서 [SCANY] 앱을 다운 받아 설치하고 실행한다. 다음과 같은 화면이 표시되면 화면을 터치한다.

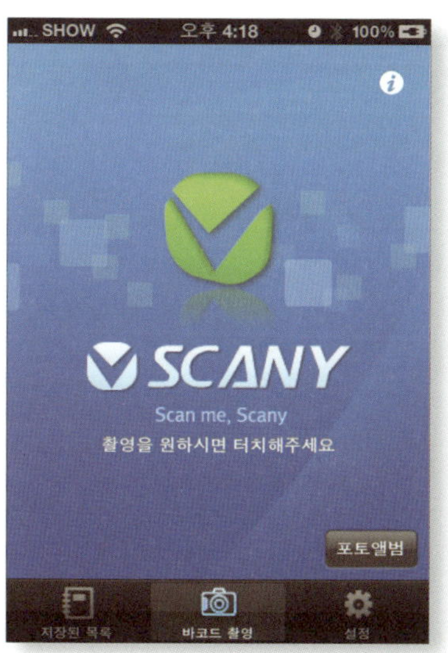

08 상대방 휴대폰에 열려져 있는 QR 코드를 찍는다.

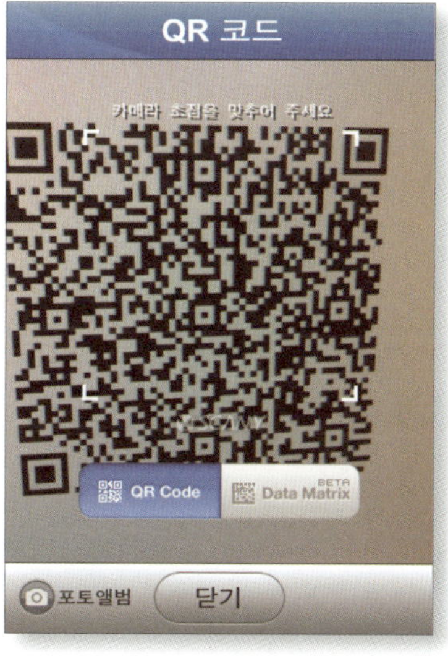

09 QR코드가 인식되면 [상세보기] 화면이 표시된다. [연락처]에 저장하기 위해 [주소록에 추가하기]를 터치한다.

10 [정보] 화면이 표시된다.

11 화면을 아래로 내려 [새로운 연락처 등록]을 터치한다.

12 [새로운 연락처] 화면이 표시되면 입력되어 있는 내용을 확인하고 완료를 터치한다.

13 이제 [연락처] 앱을 터치하여 실행하면 새로운 연락처로 등록된 것을 볼 수 있다. 터치해보자.

14 [정보] 화면이 표시되며 연락처에 QR코드의 정보가 입력되어 있는 것을 확인할 수 있다.

53 복사용지를 반사판 대용으로 사용한다

휴대폰 제조회사들이 카메라 성능을 높이기 위해 치열한 경쟁을 벌이는 통에 화소 수에서든 화질에서든 세계적으로도 알아주는 제품이 다수 쏟아져 나왔다.

하지만 아쉽게도 아이폰 카메라 성능은 그렇게까지 뛰어나지 못하다. 최근 아이폰 4G에서는 동영상 촬영 기능과 자동 초점 기능을 갖춘 제품이 나오는 등 카메라 성능이 나아지는 추세지만 디지털 카메라에 비하면 기능면에서 아직 만족스럽지 못하다.

특히 아이폰 카메라의 약점은 어둡게 촬영된다는 점과 흔들림에 약하다는 점이다. 이런 약점을 보완하기 위해서는 **최대한 밝은 곳에서, 본체를 손으로 단단히 고정하고 촬영해야 한다. 그러면 나름대로 만족스러운 사진이 나온다.**

그렇다고 해서 플래시나 삼각대 같은 도구를 별도로 준비하기는 어려운 일이다. 하지만 전문 촬영 기기가 없더라도 그것을 대신할 만한 다른 도구가 있다면 더 품질이 좋은 사진을 얻을 수 있다. 여기서는 **복사용지를 사용해보겠다.** 거래처에서 보내준 제품을 촬영한다고 할 때, **피사체에 직사광을 비추지 말고 복사용지로 빛을 반사시켜서 촬영해라.** 그러면 피사체에 빛이 부드럽게 퍼지면서 깨끗한 사진을 얻을 수 있다.

실제로 프로 사진작가도 이런 방법으로 사진을 찍는다고 한다. 반사판에 비할 수야 없겠지만 복사용지처럼 하얀 종이는 빛을 부드럽게 반사시키므로, 나름대로 효과가 좋다. 사진작가는 반사판을 사용하지만 우리는 복사용지를 사용한다는 점만 다를 뿐이다.

아이폰 4G를 사용해서 촬영할 때 꼭 기억해야 할 사항이 있다. **촬영하는 부분의 초점**을 화면상에서 정확히 맞춰야 한다는 점이다. 아이폰 4G 카메라에는 자동 초점 기능이 있지만, 피사체에 초점이 자동으로 안 맞는 일도 종종 일어난다. 화면상에서 피사체 부분을 누른 후 그곳에 초점이 확실히 맞는지 살펴보아야 한다.

➦ 복사용지로 부드러운 빛을 만들어낸다.

빛을 피사체에 직접 비추지 말고 복사용지에 반
사시키면 깨끗한 사진을 얻을 수 있다

[카메라] 앱을 실행한 화면. 화면을 터치하여 초점을 맞
춘 다음 ▢ 를 터치하여 사진을 찍는다.

54 집에서는 무선 LAN을 사용한다

아이폰은 휴대전화망 통신 기능(3G 통신 기능)과 무선 LAN에 의한 통신 기능, 둘 다를 사용할 수 있다. 일상적으로 가지고 다닐 때에는 휴대전화망을 이용할 경우가 많다.

휴대전화망이라도 속도는 꽤 빠르다. 휴대전화망이 어디에서나 연결된다면 별도의 무선 LAN은 필요 없다고 생각하는 사람도 많은 듯하다. 특히 집안 구석구석까지 인터넷이 연결된다면 그렇게 생각하는 것이 더욱 당연하다.

하지만 아이폰은 무선 LAN으로 사용해야만 살아남는다. 필자가 아이폰을 집에서 쓸 때에는 가급적 무선 LAN으로 접속하고 사용한다.

무선 LAN을 사용하는 가장 큰 이유는 속도다. 휴대전화망도 나름대로 빠르기는 하지만 무선 LAN만큼은 아니다. 앱, 동영상, 음악 등의 대용량 데이터를 다운받을 때에는 무선 LAN이 압도적으로 좋다. 아이튠즈 스토어(iTunes Store)에서 아이폰을 통해 음악을 구입할 때도 무선 LAN을 사용하는 것이 필수다.

무선 LAN을 사용해야 하는 또 하나의 이유는 **패킷 통신 이용량을 절약하기 위해서이다.** 휴대전화망에서 동영상을 보거나 음악을 들으면 금방 제한 패킷에 도달해버린다. 하지만 필자의 경험상 이메일을 사용하거나 일반적인 웹페이지를 열어보는 등 문자 중심으로 인터넷을 이용했다면 절대 제한 패킷에 도달하는 일은 없다. 동영상을 이용할 때에는 무선 LAN을 사용하고, 그 외에는 휴대전화망을 활용해도 좋다.

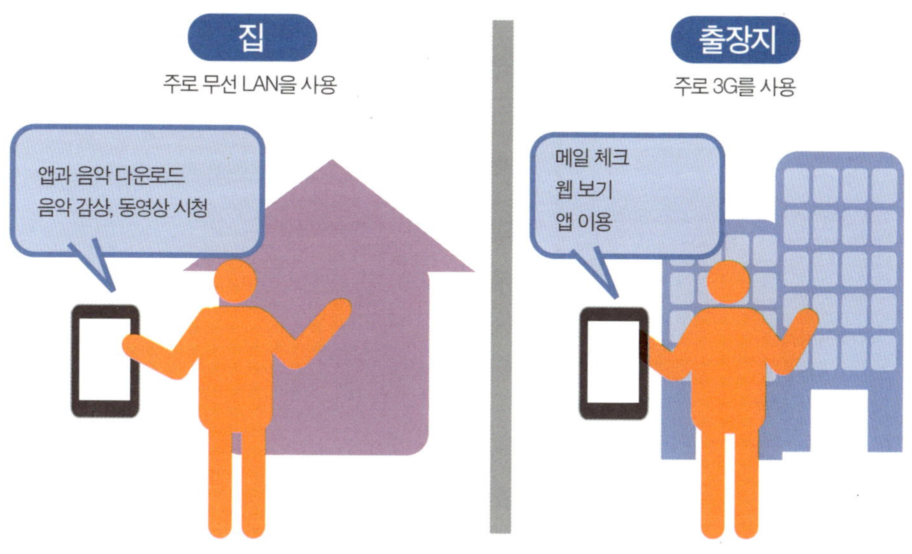

3G와 무선 LAN인 와이파이 설정하기

01 홈 화면에서 [설정]을 실행한다. [설정] 화면이 표시되면 [일반]을 터치한다.

 [일반] 화면이 표시되면 [네트워크]를 터치한다.

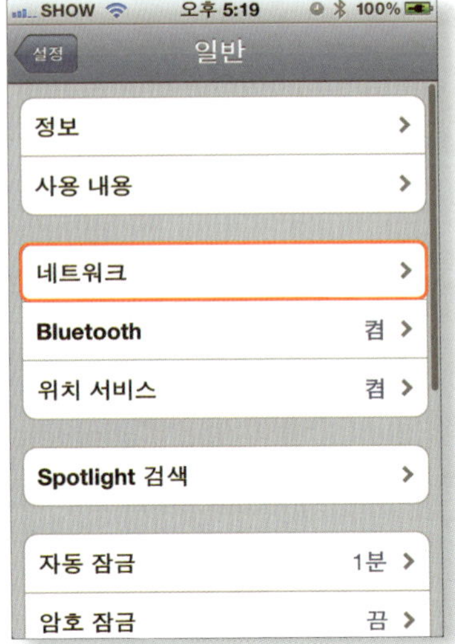

 [네트워크] 화면이 표시되면 [3G 활성화]에서 3G의 사용 유무를 선택할 수 있다.

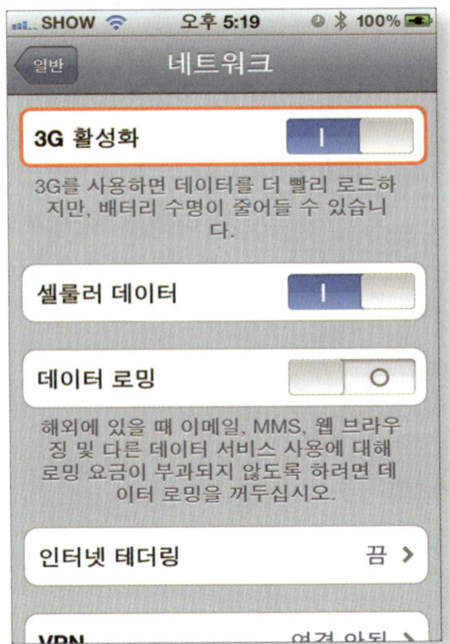

 화면을 아래로 내려 [Wi-Fi]를 터치하여 무선 LAN 사용 유무를 설정한다.

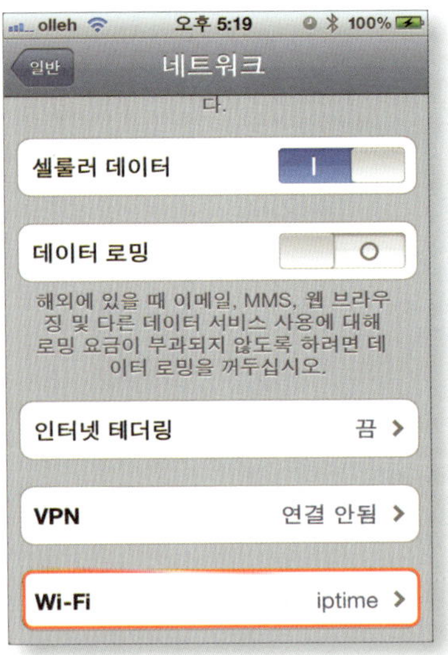

 [Wi-Fi 네트워크] 화면이 표시되면 Wi-Fi를 'ON'으로 설정한다.

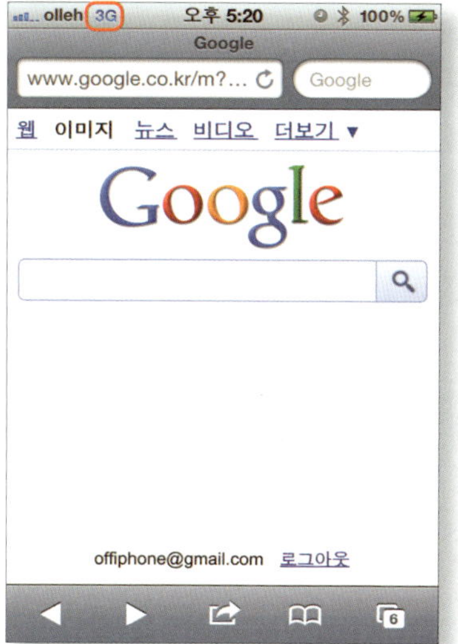

183

55 아이폰을 USB 허브로 충전한다

아이폰을 충전할 때 보통은 AC 어댑터를 사용한다. 하지만 충전하기 좀 곤란할 때도 있다. 집 안의 콘센트 주변에 AC 어댑터가 이리저리 널려 있을 경우에 그렇다. 아이폰은 물론 외장 하드디스크, 스피커, 노트북, 게임기……. 정신을 차려보면 어느새 AC 어댑터만 잔뜩 쌓이게 된다. AC 어댑터는 장소를 넓게 차지해서 보기 안 좋다는 문제점도 있다.

그래서 **필자는 아이폰을 충전하는 데 AC 어댑터를 사용하지 않기**로 방침을 세웠다. 아이폰의 전원 케이블은 원래 USB 케이블이다. 아이폰에 부속된 AC 어댑터도 USB 케이블을 접속한 형태이다. 그렇다면 기본적으로 컴퓨터에 연결해서 충전하면 된다고 생각했다.

그리고 최근에 좀 더 개념을 넓혔다. **전원이 있는 USB 허브를 사용하는 방법이다.** USB 허브에는 AC 어댑터 없이 컴퓨터에서 전원을 공급하는 버스 파워(bus-power) 방식과 AC 어댑터 부속 셀프 파워(self-power) 방식이 있다. 전자는 전기 공급을 모두 컴퓨터에서 조달하기 때문에 전력 부족이 되기 쉽다. 그러나 후자는 독자적으로 전원을 얻기 때문에 충전하는 데 문제가 없다. 게다가 컴퓨터와 연결되어 있지 않을 때도 USB 허브만 있으면 충전할 수 있다.

집에서는 USB 허브를 컴퓨터에 연결해서 사용하지만 출장지에서는 오로지 충전하기 위해서만 사용하는 경우가 많다. 대상은 아이폰을 비롯해 게임기, 음악 플레이어, 전자책 단말기 등이다. 여러 기기를 하나의 AC 어댑터로 충전할 수 있으므로 콘센트를 낭비할 일도 없다.

컴퓨터에 연결된 기능 없이 **USB 충전에 특화된 제품도** 있다. 이것도 나름대로 꽤 편리하다. 또 최근에는 외국 비행기 좌석에 충전용 USB 단자가 마련되어 있기도 하다.

◆ 전원 USB 7포트 허브

어댑터로 전원을 직접 공급하는 USB 7포트 허브의 예

◆ 전원이 없는 USB 4포트 허브

컴퓨터로 전원을 공급하는 USB 4포트 허브의 예

56 중요한 시간에는 에어플레인 모드로 바꾼다

아이폰의 왼쪽 면 위에 작은 슬라이드 스위치가 있다. 매너 모드로 바꾸기 위한 스위치이다. 스위치를 등 쪽으로 젖히면 매너 모드가 되어서 전화나 메일이 도착해도 착신음이 울리지 않고 진동만 울린다.

그런데 정말 중요한 시간을 보내고 있을 때는 매너 모드로도 부족하다. 예를 들어 업무상 약속이나 회식을 할 때, 영화관이나 극장에 있을 때는 진동조차도 방해로 느껴진다.

그럴 때 필요한 기능이 에어플레인 모드이다. **에어플레인 모드가 되면 아이폰은 전파를 전혀 송수신하지 않는다.** 당연히 전화도 오지 않기 때문에 중요한 시간을 방해받지 않고, 다른 사람에게도 피해를 주지 않는다.

에어플레인 모드로 바꾸는 방법은 간단하다. [설정]을 실행한 후 나오는 화면에서 [에어플레인 모드]를 켜기만 하면 된다.

차라리 전원을 꺼버리면 되지 않겠느냐고 생각하는 사람도 있을 것이다. 하지만 전원을 끄면 아이폰 안에 든 정보를 당연히 볼 수 없다. 사진, 메일, 스케줄 등을 대화의 소재로 삼을 수도 있으므로 역시 전원을 완전히 꺼버리기는 어렵다.

또 IT기기는 전원이 완전히 꺼진 상태에서 다시 전원을 켜는 행위가 전력을 많이 소모시킨다. 그러므로 짧은 시간이라면 전원을 껐다가 켜는 것 보다는 에어플레인 모드로 바꾸면 배터리 절약 면에서 유리하다.

필자는 프레젠테이션을 할 때도 에어플레인 모드를 사용한다. 에어플레인 모드인 상태에서 컴퓨터와 연계할 수 있는가 하는 의문점을 가질 수 있다. 하지만 그런 의문은 쉽게 풀린다. **에어플레인 모드에서는 원래 전혀 통신을 할 수 없지만, 무선 LAN에 관해서는 예외로 하도록 수동 설정이 가능하다. 그러므로 에어플레인 모드 이용 중에도 통신을 할 수 있는 것이다.** 필자는 프레젠테이션에서 컴퓨터와 연계하여 무선 LAN의 애드혹 모드(기기끼리 직접 통신하는 방법)를 사용하므로 이런 방식이 가장 적합한다.

 ## 에어플레인 모드로 설정하기

01 홈 화면에서 [설정]을 터치한다.

02 [설정] 화면이 표시되면 [에어플레인 모드]를 On으로 설정한다.

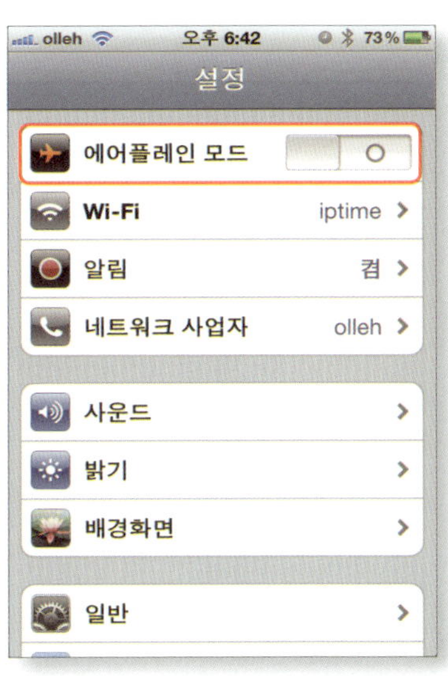

03 에어플레인 모드로 설정되면 Wi-Fi도 자동으로 [끔] 상태가 된다.

04 이 상태에서 Safari를 이용하려고 하면 [페이지를 표시할 수 없음]이라고 나오며 Safari를 이용할 수 없다.

57 기분 전환을 위해 샘플곡을 듣는다

'아이폰에는 무료로 들을 수 있는 음악이 대량으로 들어 있다'라고 말하면 놀라는 사람이 많을 것이다. 그 비밀은 도시락(Dosirak) 앱이다.

도시락 앱에서는 인터넷의 도시락 사이트에서 제공하는 것과 같은 음악과 뮤직비디오를 구입할 수 있다. 하지만 꼭 돈을 내고 구입하지 않아도 대부분의 음악이나 뮤직비디오를 30초 정도 듣고 볼 수 있다. 시간은 짧지만 자유롭게 곡을 골라 들을 수 있어 의외로 재미있다.

필자는 방에서 일을 하다 짬짬이 이 기능을 이용해 음악을 듣는다. 장시간 일에 집중하고 난 뒤에 기분 전환하는 데도 안성맞춤이다. 또 지금까지 들어본 적 없는 여러 노래를 만날 수 있어서 더욱 즐겁다.

샘플 듣기 방법은 매우 쉽다. 도시락 앱을 설치하고 실행한 다음 원하는 곡을 찾아 듣거나 신곡, 인기차트 등에서 골라 들을 수 있다. 이때 주의할 점은 가격이 표시된 부분을 터치하면 안 된다는 것이다. 가격 부분은 구입하고 싶어졌을 때만 터치해야 한다. 이 기능은 무선 LAN 인터넷에 접속했을 때만 이용할 수 있다.

Dosirak 앱에서 음악 듣기

01 [Dosirak] 앱을 실행한 다음 아이디와 비밀번호를 입력하고 [로그인]을 터치한다. 아직 회원이 아닌 경우에는 [회원가입]을 터치하여 회원으로 가입한 다음 이용한다.

02 Dosirak 앱의 첫 화면이다. 듣고 싶은 항목을 터치한다. 여기서는 [최신 곡]을 터치해보았다.

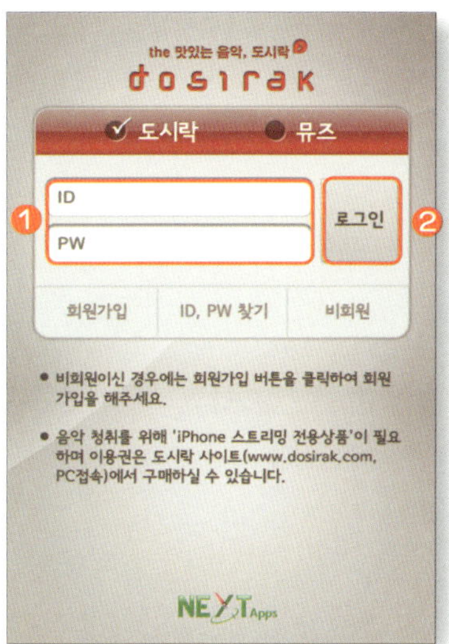

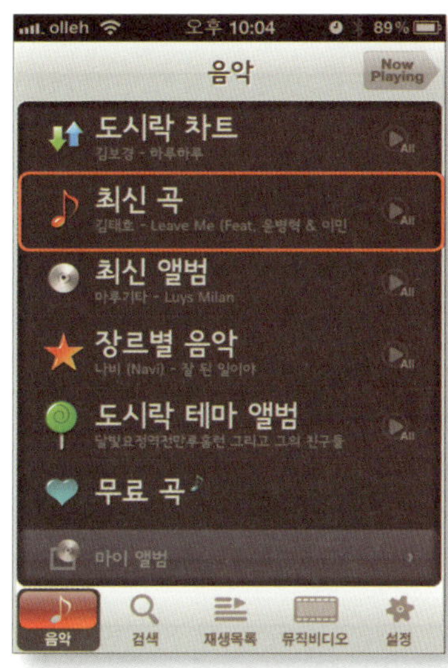

03 최신곡 목록이 표시되었다. 듣고 싶은 음악을 터치하면 노래를 들을 수 있다.

58 용량 부족은 스마트 재생목록에서 조정한다

아이폰은 휴대폰 기능뿐 아니라 음악 플레이어(iPod)로도 사용할 수 있어서 좋다. 음악 재생 기능을 갖춘 휴대폰은 많지만, 실용적이고 사용하기 편한 제품은 아이폰뿐이다.

그런데 아이폰에 음악을 많이 넣다보니 전체 데이터 용량이 부족해지는 경우도 있다. 음악 애호가들 중에는 100GB가 넘는 음악 파일을 가지고 있는 사람도 있을 정도니, 아이폰의 용량이 부족하다는 것도 수긍이 간다.

현재 아이폰은 용량이 그다지 많지 않다. 최신 모델(2010년 1월)이고 용량이 가장 많은 아이폰 4G의 상위 모델도 32GB, 용량이 적은 초기 모델은 8GB 정도이다.

음악뿐 아니라 앱, 사진, 동영상 등도 아이폰 내에 쌓여간다. 32GB 모델조차 만족할 수 없는 것이 현실이다.

이 문제를 해결하기 위해서는 **들어 있는 음악의 양을 줄일 수밖에 없다. 가장 간단한 방법은 재생목록을 활용하는 것이다.** 초기 설정 그대로 사용하는 경우, 컴퓨터 소프트웨어 아이튠즈는 컴퓨터 음악 보관함에 든 모든 파일을 아이폰으로 전송한다. 이것을 특정 재생목록만 전송하도록 설정하면 아이폰의 용량을 조정할 수 있다.

다만 필요한 용량만큼의 재생목록을 수작업으로 만드는 일은 아주 힘들다. 그래서 추천하는 방법이 스마트 재생목록이다. 이것은 어떤 특정 조건에 맞는 곡만을 재생목록으로 모아주는 기능이다. 예를 들어 특정 아티스트의 곡만, 한 달 이내에 컴퓨터에 저장한 곡만, 별점이 4 이상인 곡만을 모은 재생목록을 작성할 수 있다. 중요한 것은 조건으로 용량을 추가한다는 점이다. 즉 별점이 3 이상이고, 최근 추가한 곡에서 10GB 분량 등으로 재생목록을 작성한다. 이 재생목록을 아이폰으로 전송하면 용량 문제는 해결된다.

스마트 재생목록 만들어 동기화하기

01 [아이튠즈]를 실행한 다음 [파일]-[새로운 스마트 재생목록] 메뉴를 클릭한다.

02 [스마트 재생목록] 대화상자가 나타나면 아이폰에 전송하고 싶은 곡의 조건을 작성한다. 전송하는 용량의 한계를 지정해야 용량을 줄일 수 있다. 조건을 지정한 다음 [확인] 단추를 클릭한다.

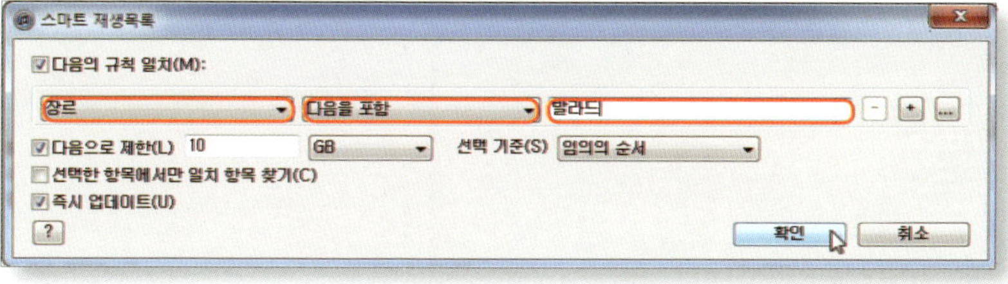

03 조건에 맞는 곡만 표시된다.

04 아이폰을 USB 케이블로 연결한 다음 장비를 선택한다. 이어 [음악] 탭을 선택하고 앞서 만든 목록을 선택한 다음 [적용] 단추를 클릭한다.

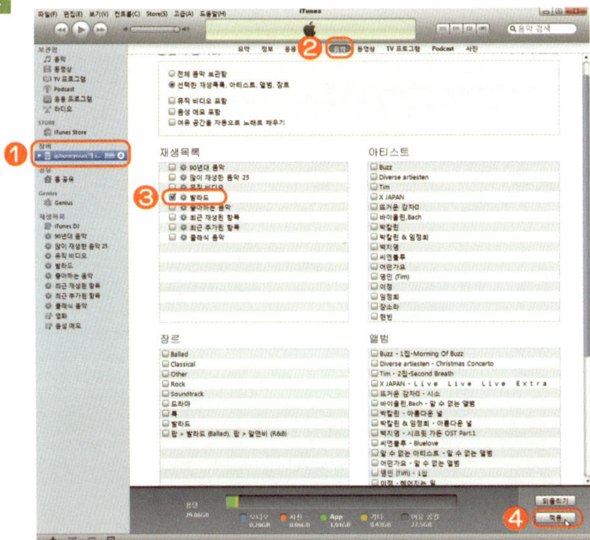

05 아이폰 홈 화면에서 [iPod] 앱을 터치하여 실행한다.

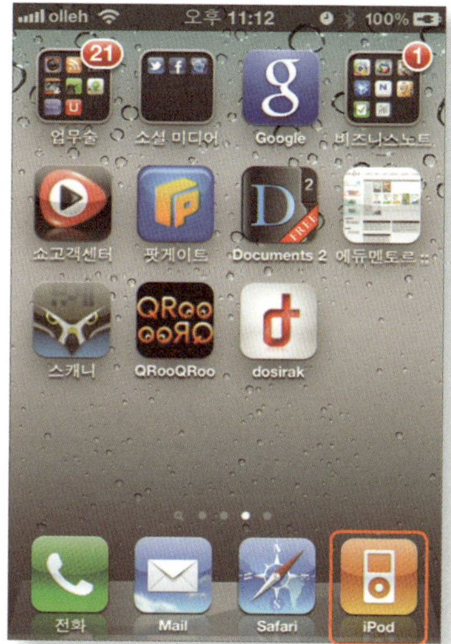

06 화면 아래에서 [노래]를 터치해보자. 앞에서 만든 스마트 재생목록만 표시된다. 이제 듣고 싶은 곡을 터치한다.

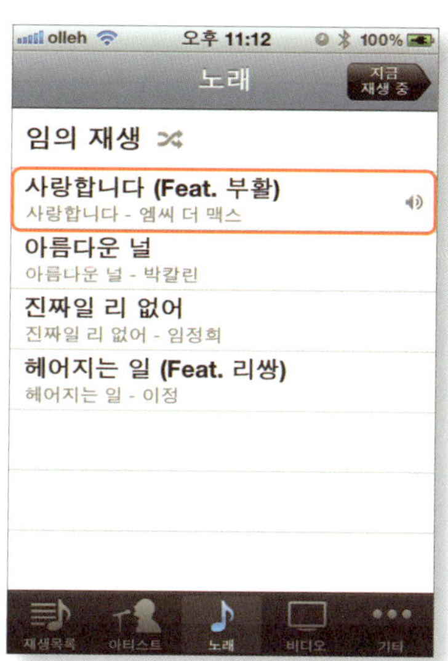

07 음악이 재생된다.

59 사전은 아이폰의 앱을 사용한다

원고, 기획안, 보고서 등을 쓸 때 역시 필요한 것이 사전이다. 필자의 경우에는 컴퓨터의 사전 프로그램과 웹상의 사전 사이트뿐만 아니라 아이폰의 사전 앱을 자주 이용한다. 자주 이용하는 것은 영한 사전과 국어 사전이다. 화면도 예쁘고 사용하기도 쉽다.

컴퓨터용 사전 프로그램을 자주 사용하지 않는 이유는 [복사와 붙여넣기]가 쉽기 때문이다. 단어를 찾은 후 그 내용을 복사하어 붙여넣으면 정확한 문장을 이용할 수는 있지만 너무 쉬워 자신의 것으로 만들어지지 않기 때문이다.

그렇다면 왜 아이폰일까? 종이로 된 사전이나 다른 사전 도구(전자 사전 등)를 꺼내는 것이 귀찮기 때문이다. 아이폰은 언제든지 손에 쥐고 있으므로 빠르게 사전 대신 사용할 수 있다.

➥ 엣센스 국어사전

➡ 엣센스 국어사전

14.99달러

민중서림의 엣센스 국어사전

➥ 뉴 에이스 영한사전

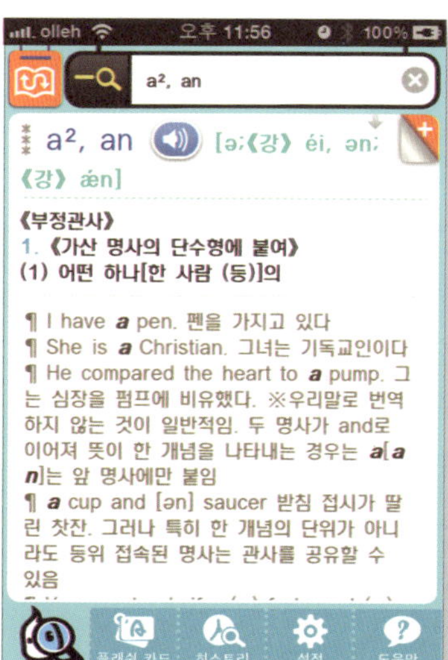

➡ 뉴 에이스 영한사전

12.99달러

디오딕에서 제공하는 영한사전. 체험판을 이용하여 어떤 사전인지 사전에 볼 수 있다.

스트레스 없는 아이폰 이용법

60 동작이 이상하면 재부팅한다

아이폰을 사용하다보면 동작이 이상해질 때가 있다. 특히 웹브라우저를 자주 쓰거나 앱을 대량으로 넣었을 경우 그런 현상이 많이 일어난다.

동작이 이상할 때는 재부팅하는 것이 가장 좋다. 재부팅 방법은 간단하다. **전원 단추를 오래 누르고 있으면 [밀어서 전원끄기]라고 쓰인 빨간 슬라이드가 나타난다. 슬라이드를 밀면 전원이 꺼진다. 전원 단추를 켜서 다시 전원을 공급하면 재부팅이 완료된다.** 필자는 2주일에 한 번쯤 재부팅을 한다. 아이폰이 전혀 반응하지 않을 때는 전원 단추를 누르면서 [홈] 단추를 10초 동안 꾹 누르고 있으면 강제 리셋이 된다.

현재까지는 가끔 기기가 불안정해지는 문제의 근본적인 해결책은 없다. 그 이유는 아이폰 개발 정책이 우리나라의 휴대폰 문화와 매우 다르기 때문이다. 우리나라에서는 휴대폰이 가전제품이라는 인식이 강해서 최대한 문제가 없도록 만든다. 하드웨어는 외국 것이지만 그것을 움직이는 소프트웨어는 문제가 생기는 것을 참지 않으려 든다.

한편, 아이폰은 컴퓨터적인 발상으로 개발되었다. 하드웨어 면에서는 세계 최고의 기술이 응집되었다고는 할 수 없다. 하지만 소프트웨어 면에서는 효율적이고 새로운 기술이 도입되었고, 조작성과 화면 표시 능력도 훌륭하다. 아이폰이 매력적인 이유는 최신 소프트웨어의 힘을 맛볼 수 있기 때문이라고 해도 과언이 아닐 것이다. 하지만 앞에서 말했다시피 컴퓨터적인 발상으로 개발한 것이라서 안정성이 부족한 것은 아쉽다.

아이폰 완전히 끄기

잠자기/깨우기 단추를 몇 초간 누르고 있으면 빨간색 슬라이더가 나타난다. 이때 슬라이더를 오른쪽으로 밀면 완전히 꺼진다. 아이폰이 꺼지면 걸려오는 전화는 음성 사서함으로 연결된다.

강제 리셋2

잠자기/깨우기 단추를 누르면서 [홈] 단추를 동시에 누르면 잠시 후에 애플 로고가 나타나며 전원이 꺼진다.

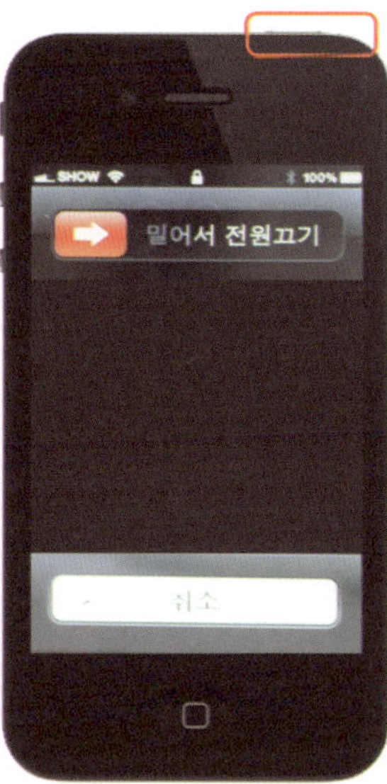

61 [Memory Status]로 아이폰을 청소한다

아이폰이 불안정해지는 이유 중 절반은 작동에 필요한 메모리가 부족하기 때문이다. 여기에서 메모리란 음악이나 앱을 저장해두는 데 쓰이는 플래시 메모리가 아니라, 컴퓨터에서 말하는 메인 메모리이다. 컴퓨터와 달리 아이폰에서는 메인 메모리 양이 공개되지 않는다. 아이폰은 하드웨어를 추가할 수도 없으므로 이용자가 그 용량을 걱정할 필요는 없다.

하지만 아이폰은 소프트웨어적인 면이 컴퓨터와 매우 닮은 구조다. 그러므로 앱을 많이 저장하거나 웹브라우저를 자주 사용하면, 메인 메모리의 공간이 적어지고 작동 속도가 느려진다. 메인 메모리의 용량이 커졌다는 아이폰 4G에서는 문제가 잘 발생하지 않지만 이전 기종인 아이폰 3G에서는 귀찮은 문제들이 자주 일어나는 듯하다. 필자도 4G로 옮기기 전에는 그랬다.

아이폰이 이상해지는 것을 막으려면 역시 앱의 힘을 빌리는 것이 좋겠다. 필자가 사용하는 것은 [Memory Status]이다. 이것은 아이폰의 메인 메모리를 체크하고, 얼마나 비었는지 확인하고, 사용하지 않는 앱을 종료시키고, 메모리 공간을 확보하며 작동을 안정시킨다.

화면 오른쪽 아래 [Cleaning]을 터치하고 레벨 1(가벼운 청소)이나 레벨 2(철저한 청소, 작업 시간이 걸림)를 선택하면 된다.

앞에서 2주일에 한 번쯤 아이폰을 재부팅한다고 말했다. 실제로 아이폰을 사용하는 사람은 2주일에 한 번도 너무 적다고 생각할 것이다. 재부팅을 그렇게 적게 해도 되는 비결은 Memory Status를 사용하기 때문이다. 작동이 이상해지면 일단 이 앱을 사용해보고, 아니면 재부팅을 한다. 결국 마지막에는 재부팅이 필요한 것은 마찬가지지만, 재부팅이 불필요한 사소한 오류는 Memory Status로 커버할 수 있다.

➜ 아이폰의 작동을 안정시키는 [Memory Status]

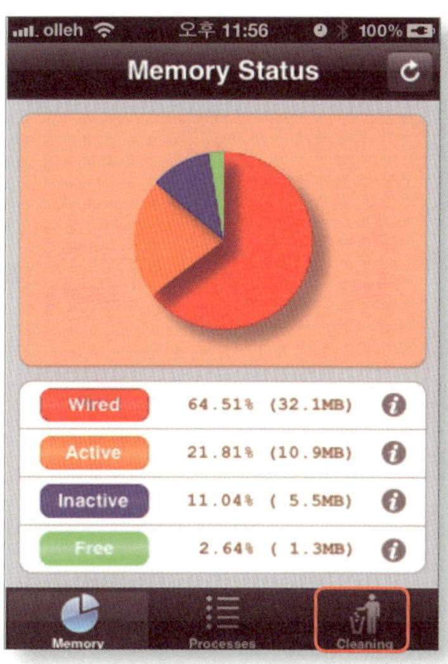

Memory Status

0.99달러

재부팅하기가 조금 귀찮을 때, 우선 [Memory Status]로 메모리를 청소한다. [Cleaning]를 터치하여 청소를 시작한다.

메모리를 청소하는 화면

62 배터리를 오래 쓰도록 설정한다

아이폰을 사용할 때 또 한 가지 어려운 점이 배터리 문제이다. 아이폰은 일반적인 휴대폰에 비해 배터리가 금방 닳는다는 느낌이 든다. 그리고 이 짐작은 사실이다. 아이폰으로 인터넷도 자주 사용하고 여러 가지 정보도 체크하기 때문에, 아이폰을 다른 휴대폰에 비해 오랫동안 사용하게 된다. 인터넷을 이용하면 디스플레이 표시와 처리, 통신 등으로 배터리 소비가 많아진다. 그중에서도 지도 표시는 GPS를 이용하기 때문인지 맹렬한 기세로 전력을 소비시킨다.

배터리를 되도록 오래 쓰려면 다음 세 가지 사항에 유의해야 한다.

제일 먼저 **디스플레이의 밝기를 조금 낮춘다.** 필자는 실용성을 고려해서 최저 3분의 1 정도로 해둔다. 선명도를 중시한다면 [밝기 자동 조절]을 켠다. 그러면 어두운 곳에서 쓸모없이 배터리를 소비하는 일을 줄일 수 있다.

두 번째로 **무선 LAN(와이파이 네트워크)을 체크한다.** 무선 LAN을 하루 종일 켜두면 아이폰이 주위의 무선 LAN 기기를 계속해서 찾게 된다. 여기에 들어가는 전력은 통화할 때 소비되는 전력에 비하면 미미한 양이지만 역시 무시할 수 없다. 무선 LAN을 절대 사용하지 않을 것이라고 생각하는 장소에서는 무선 LAN을 꺼두어야 배터리 소비가 줄어든다.

에어플레인 모드도 배터리 소비를 줄이는 효과적인 수단이다. 휴대폰 전파가 닿지 않을 것이라고 충분히 예상할 수 있는 곳, 예를 들어 지하나 깊은 산에서는 에어플레인 모드를 'On'으로 설정해놓으면 좋다. 아이폰이 켜져 있으면 휴대폰 기지국을 찾느라 전파 발신을 하므로 전력이 조금씩 소비된다. 어차피 통화도, 메일도 할 수 없는 곳이라면 처음부터 에어플레인 모드로 두는 것이 좋다.

덧붙여, 음악([iPod] 기능) 재생은 디스플레이나 통신을 사용하지 않기 때문에 전력 소비가 의외로 적다.

 ## 배터리를 오래 쓰는 비결

01 홈 화면에서 [설정]을 터치한다. [설정] 화면에서 [밝기]를 터치한다.

02 [밝기] 화면이 표시되면 슬라이더를 움직여 밝기를 조정한다. [자동 밝기]를 On으로 설정해도 좋다.

03 [설정] 화면에서 [Wi-Fi]를 터치한 다음 [Wi-Fi]를 Off로 설정한다.

04 [설정] 화면에서 [에어플레인 모드]를 On으로 설정한다. 전파가 닿지 않는 곳에서는 끄는 것이 좋다.

63 케이블과 충전지로 적극적인 배터리 대책을 세운다

아이폰 배터리 문제에 적극적으로 대처하는 방법도 있다. 배터리가 떨어지지 않도록 더 자주 충전하는 방법이다. 필자는 다음 두 가지 방법을 쓴다.

대책 ❶ 가방에 접속 케이블을 넣어둔다.

필자는 일상적으로 노트북을 가지고 다니는데, 외근할 때는 케이블로 아이폰과 컴퓨터의 USB 단자를 연결해서 충전한다.

이것이 가능한 이유는 컴퓨터 배터리가 오래가는 것을 선택했기 때문이다. 집에서의 메인 컴퓨터는 매킨토시지만, 가지고 다니는 노트북에는 윈도우를 탑재했다. 현재는 소니의 'VAIO X'라는 기종에 옵션인 'X배터리'를 조합해서 이용하고 있다. 배터리가 오래 간다. 본체와 배터리까지 합치면 중량이 겨우 1킬로그램인데, 카탈로그 상에서의 배터리 동작 시간은 20시간 이상이다. 보통은 무선 LAN이나 WiMAX를 사용하여 통신하면서 원고를 쓰는 경우가 많지만, 그 경우에도 10시간은 족히 가동된다. 배터리가 이만큼이나 오래 간다면 아이폰 충전으로 조금 돌려도 큰 탈은 없다.

➡ 시판되는 아이폰용 USB 케이블

아이폰용 USB 케이블에는 갖고 다니기 편리하도록 감는 형식도 있다.

다만, 이런 충전 방법은 배터리 작동 시간이 짧은 노트북에서는 약간 사용하기 어렵다. 모바일용으로 사용했던 이전 기종은 배터리를 가능한 한 컴퓨터로 돌리기 위해서 아이폰 충전에는 사용하지 않았다.

회사 책상 위에 자신의 전용 컴퓨터가 있고, 그 앞에서 일하는 경우가 많은 사람이라면 USB 케이블로 아이폰과 컴퓨터를 연결해서 배터리를 충전하는 일도 가능하다. 다만, 회사 컴퓨터에 개인용 기기를 접속하는 것이 꺼려진다면 굳이 하지 않아도 무방하다.

대책 ❷ 휴대용 예비 전원을 사용한다.

필자의 가방에는 산요전기의 에넬루프 모바일 부스타(Eneloop Mobile Booster)라는 충전기가 들어 있다. 무게는 약 130그램. 크기도 아이폰의 반 정도로 가방에 넣어두면 거의 무게가 느껴지지 않는다. 아주 작은 기계지만 USB 케이블로 전력 공급을 할 수 있다. 아이폰을 연결하면 대체적으로 2회분의 풀 충전(5,000mAh)을 할 수 있을 정도이다. 가방 안에 넣어두고 만일의 경우에 대비한다. 이렇게 하면 아이폰에서 배터리가 떨어져서 곤란을 겪는 일이 없을 것이다. 당연한 일이지만 이 제품은 아이폰 이외의 USB용 기기도 충전이 가능해 여러 가지 디지털 기계의 상비약이라고 할 수 있다. 이 기계는 범용성이 높다는 점이 가장 매력적이다.

❯ USB 출력을 갖춘 충전지로 배터리가 다 떨어지는 사태에 대비한다

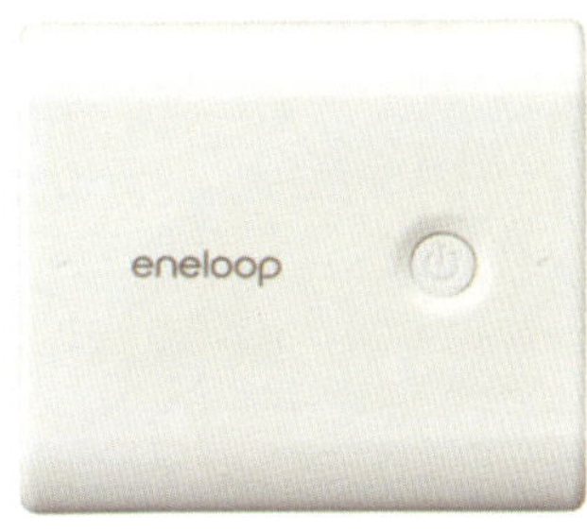

안에는 전용 리튬이온전지가 내장되어 있다. 충전 시간은 AC 어댑터로 약 7시간이다.

64 탈옥은 절대 하지 않는다

아이폰은 생활에 밀착된 기계이며 대량의 개인 정보를 다루는 만큼, 보안 대책이 확실히 마련되어야 한다.

우선 기본적인 것은 탈옥(jail break)을 절대 하지 않는 것이다. 탈옥이란 아이폰에 걸려 있는 모든 보호 기능을 해제하는 행위이다.

아이폰은 특정 휴대전화 사업자와 계약한 사람이 아니면 사용할 수 없고, App Store에서 구입한 앱도 복사할 수 없다. 안전과 저작권 보호를 위해 App Store에서 공개한 앱 이외에는 설치조차 할 수 없다.

아이폰을 사용하는 사람 입장에서는 갑갑하게 느껴질지도 모른다. 탈옥은 이러한 모든 제약을 풀어버리려는 목적으로 일어난다. 하지만 그러한 자유는 아주 위험하다. 애플이 아이폰에 보호를 건 이유는 비즈니스상의 문제도 컸겠지만 그보다 보안상의 배려 때문이었다.

컴퓨터 바이러스를 예로 들어보자. 소프트웨어를 자유롭게 설치할 수 있는 컴퓨터에서는 컴퓨터 바이러스가 끊이지 않는다. 소프트웨어를 자유롭게 설치할 수 있다는 것은 아무도 모르게 바이러스가 침입할 수 있다는 것과 같은 뜻이기 때문이다.

애플은 자사의 방침에 맞지 않는 앱을 App Store에서 배포하지 않겠다는 방침을 세웠다. 그러면 바이러스를 만들어 퍼뜨리려는 악인을 배제하고 안전성 높은 앱만을 배포할 수 있게 된다. 따라서 다소 답답하며, 그것은 부정할 수 없다. 앱 개발자 중에도 불만을 품는 사람이 있고, 약간 위험한 앱에 흥미를 보이는 사람도 있다. 필자도 흥미는 있다.

하지만 그 때문에 탈옥해버리면 그 대가가 어마어마하다. **경우에 따라서는 개인 정보가 새어 나가 직업이나 재산을 잃을 가능성도 있다.** 컴퓨터에 보안 프로그램이 필수인 시대이다. 우리가 아이폰을 마음놓고 사용할 수 있는 이유는 애플에서 철저한 보안을 해주기 때문이다.

65 아이폰에 [암호]를 걸어둔다

아이폰에는 가동할 때 [암호] 입력을 요구하는 기능이 있다. 암호란 이용자만 알고 있는 네 자리 숫자이다. 암호를 모르면 아이폰을 사용할 수 없다.

암호를 걸어두면 바로바로 아이폰을 사용할 수 없어 조금 불편할 것이다. 그래서 암호를 걸어두지 않는 사람도 적지 않다.

하지만 **아이폰 안에는 개인 정보가 산처럼 쌓여 있다.** 만일 어딘가에서 잃어버려서 다른 사람이 들여다볼 것이라고 생각하면 아무런 보호 없이 사용하는 것이 얼마나 위험한 일인지 알 수 있다.

암호 설정은 [설정]-[일반]- [암호 잠금]에서 한다. 간단한 암호로 설정되어 있으면 네 자리 숫자로 지정하며, 간단한 암호를 해제하면 원하는 내용으로 암호를 설정할 수 있다. 그 외에도 아이폰이 가동된 후 얼마나 시간이 흘러야 [암호를 요구할지]도 여기서 설정할 수 있다.

또 함께 설정해야 할 것은 가장 아래에 있는 [데이터 삭제]를 커는 것이다. 이렇게 하면, 만일 다른 사람이 아이폰을 주워서 틀린 암호를 열 번 입력한 경우 아이폰 속의 데이터가 모두 자동으로 삭제된다. 겨우 네 자리 숫자이기 때문에 몇 번 시도하다보면 우연히 암호를 맞출 수도 있다. 하지만 시행 횟수가 열 번이기 때문에 그럴 위험성이 거의 없다고 봐야 한다.

 ## 암호 설정하기

01 홈 화면에서 [설정]-[일반]을 터치하여 [일반] 화면이 표시되면 [암호 잠금]을 터치한다.

02 [암호 잠금] 화면이 표시되면 [암호 켜기]를 터치한다.

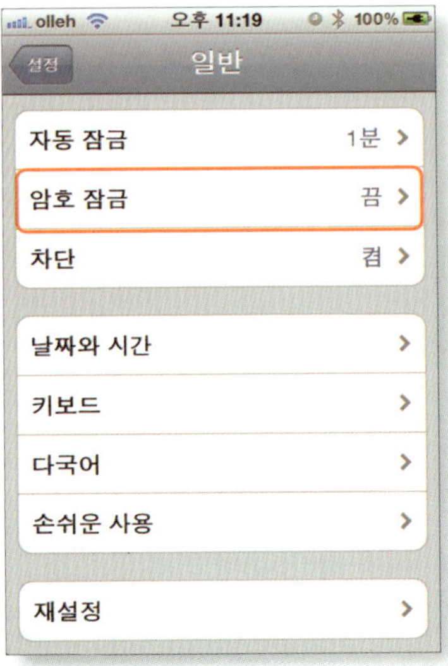

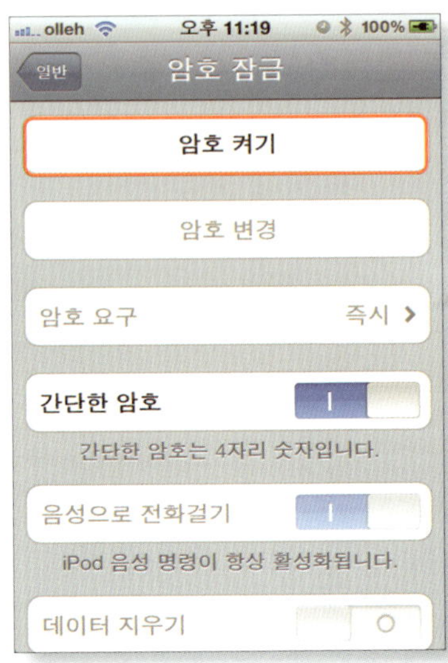

03 [암호 설정] 화면이 표시되면 암호를 입력한다.

04 [암호 재입력] 화면이 표시되면 다시 한 번 암호를 입력한다. 이때는 앞에서 입력한 것과 같은 암호를 입력한다.

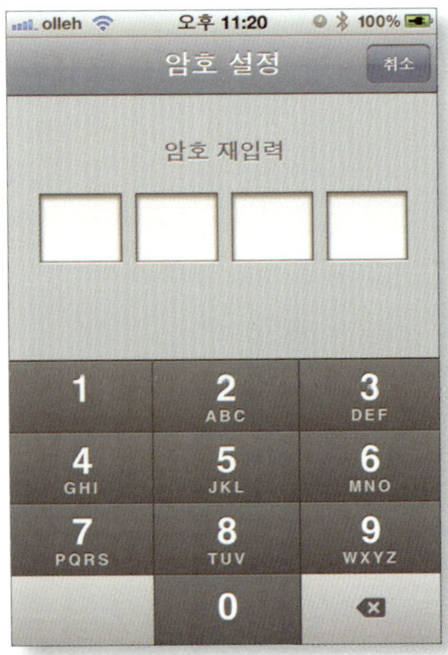

05 [암호 켜기]가 [암호 끄기]로 변경되며 암호가 설정된다.

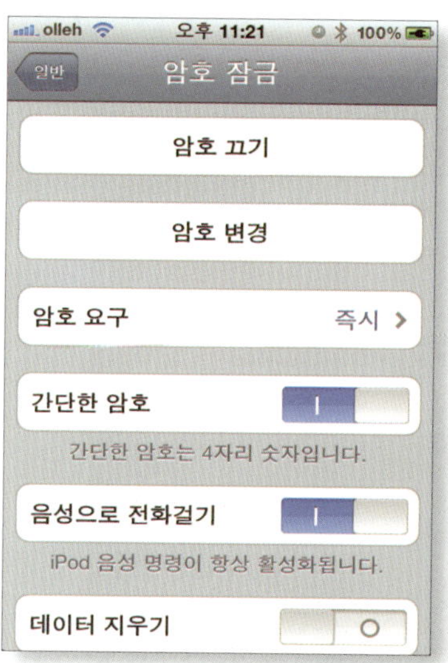

06 [데이터 지우기]를 'On'으로 설정한다.

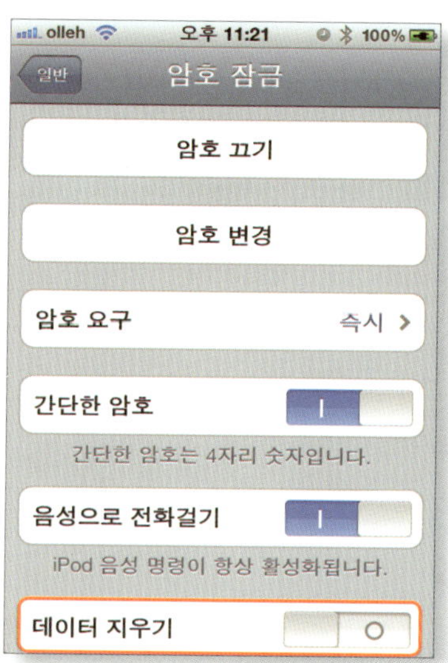

07 다음과 같은 메뉴가 표시되면 [활성화]를 터치한다.

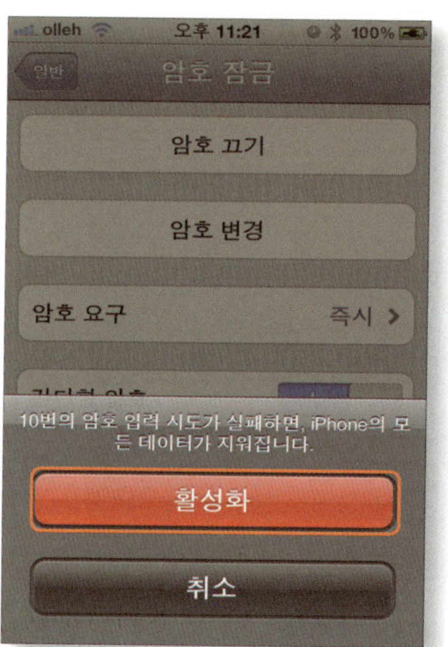

08 데이터 지우기가 'On'으로 설정되었다. 다시 [일반]을 터치해보자.

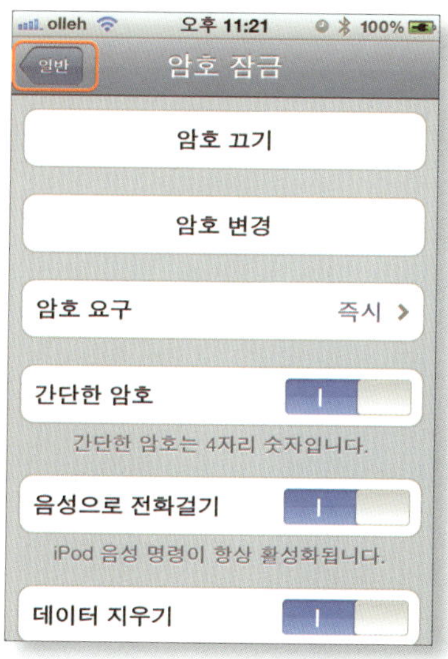

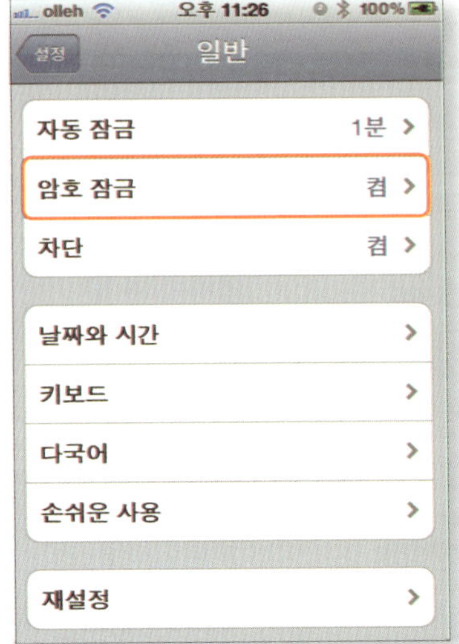

10 아이폰을 사용하기 위해 [홈] 단추를 누른 다음 [밀어서 잠금해제]를 밀면 [암호 입력] 화면이 표시된다. 암호를 정확하게 입력해야 한다.

11 암호가 올바르지 않으면 '잘못된 암호'가 표시되며 아이폰을 이용할 수 없다.

66 같은 비밀번호는 사용하지 않는다

아이폰에서 웹을 이용할 때 ID와 비밀번호가 필요한 사이트가 많다. 각 사이트마다 비밀번호를 정해서 기억하는 것이 귀찮다는 이유로 같은 비밀번호를 여러 서비스에서 동시에 사용하는 사람이 많다. 하지만 필자는 절대 그렇게 하지 않는다.

필자가 나쁜 마음을 먹고 웹서비스를 만들어서 사용자를 모으기로 했다면, ID와 비밀번호를 많이 수집할 수 있을 것이다. 그리고 수집된 ID와 비밀번호를 사용해서 인터넷 쇼핑이나 인터넷 뱅킹에 침입할 수도 있을 것이다.

그래서 필자는 **하나의 서비스에 하나의 비밀번호만 사용한다**. 다만 모든 서비스에서 다른 비밀번호를 만들어서 기억하는 일은 어렵기 때문에 [1Passwd]라는 앱을 이용한다. 이 앱은 자신이 가지고 있는 아이디와 암호를 입력해두고 필요할 때 언제든지 확인할 수 있다. 각 웹서비스에서 무작위로 생성한 전용 비밀번호를 만들어 보관해준다. **또 기록된 정보를 토대로 각 웹페이지의 ID와 비밀번호를 자동 입력해주므로 정보를 일일이 기억할 필요조차 없다**. 앱 가동 자체도 독자적으로 작성하는 암호로 보호된다.

➡ 1Password로 비밀번호 관리하기

➡ 1Password

7.99달러

웹서비스의 비밀번호를 무작위로 생성해주고, 그 사이트를 표시했을 때 자동으로 입력해준다.

67

고장 나면 애플 서비스 센터에 간다

아이폰도 공업 제품인 이상 고장이 날 수밖에 없다. 고장 났을 때 어디로 가면 좋을까? 많은 사람이 애플 서비스 센터에 가면 될 것이라고 답한다.
아래 화면의 애플 공인 서비스 센터 사이트(http://www.apple.com/kr/support/applecare/aasp/)를 참조하자.

➡ 애플 공인 서비스 센터

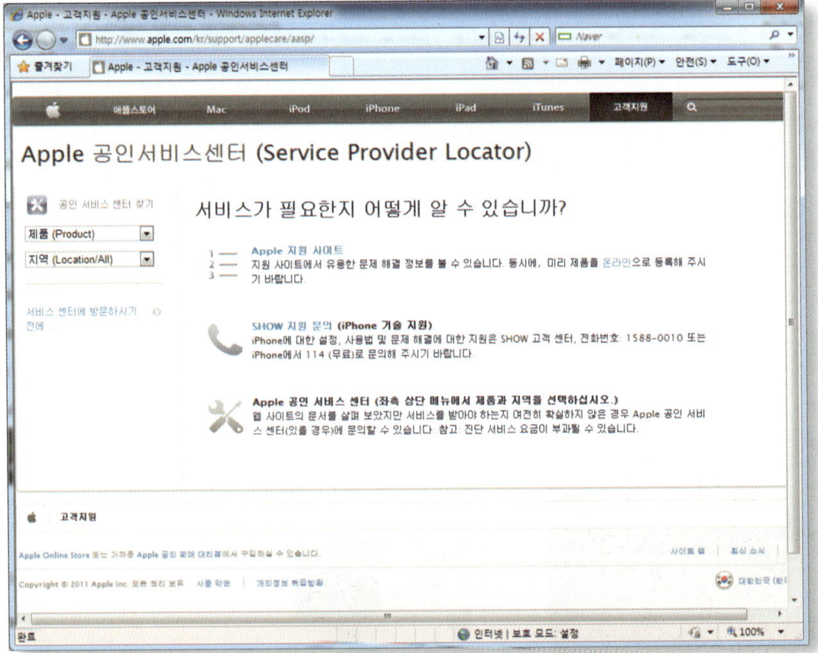

68 아이폰 내에 데이터를 백업한다

아이폰은 USB케이블로 컴퓨터와 연결한 후, 컴퓨터 소프트웨어 이 이튠즈를 사용함으로써 내용을 동기화할 수 있다. 대부분 컴퓨터에서 아이폰으로 음악을 전송할 때 사용한다. 그럼 음악을 전송할 필요가 없을 때에는 어떻게 할까? 귀찮으니까 AC어댑터로 충전만 하겠다는 사람이 많을 것이다. 메일이나 캘린더는 웹서비스로 동기화할 수 있다. 그렇다면 컴퓨터와 연결할 필요가 없다고도 생각할 만한다.

하지만 필자는 매일 반드시 컴퓨터와 동기화한다. 그 이유는 백업 때문이다. 컴퓨터와 접속했을 때 일어나는 일은 음악 전송이나 정보의 동기화뿐이 아니다. 아이폰에서 구입한 음악이나 앱, 그리고 각종 설정을 백업하는 것이다.

이것은 특히 아이폰을 잃어버리거나, 아이폰이 고장 나거나, 아이폰을 바꿀 때 편리하다.

새로운 아이폰에는 SIM카드로 제공되는 자신의 전화번호 이외의 정보는 들어 있지 않다. 하지만 컴퓨터에 접속하면 이전에 백업한 아이폰 정보를 그대로 전송받을 수 있다. 즉 새로운 아이폰에 이전 아이폰과 똑같은 정보, 똑같은 설정을 해서 바로 사용 가능한 상태로 만들 수 있다.

이것은 다른 휴대폰 사용자들이 볼 때 깜짝 놀랄 만한 사건이다. 새로운 휴대폰을 사면 보통 매뉴얼을 읽으면서 설정을 하게 된다. 첫 설정은 꽤 번거롭고 시간이 걸리는 일로 반나절 또는 며칠이 걸리기도 한다.

그러나 백업 데이터가 있는 아이폰은 거의 1시간 정도면 설정이 끝난다. 더구나 작업은 전자동이다. 만일 고장이 나거나 새로운 아이폰을 구입했더라도 걱정 없이 바로 일터로 돌아갈 수 있다는 안도감이야말로 아이폰을 뛰어난 업무 도구로 만드는 요인이 아닐까 생각해본다.

69 아이폰 찾기로 아이폰 원격으로 제어하기

휴대폰을 사용할 때 곤란한 점은 크기가 작기 때문인지 자주 잊어버린다는 데 있다. 누군가 훔쳐가는 것은 빼더라도 어디에다 두었는지를 깜빡하거나, 자신도 모르는 사이 길거리에 떨어뜨리기도 한다.

필자도 가끔 외출하려고 하는데 아이폰이 보이지 않아 곤란해한 적이 있다. 단순히 집 안의 어디에다가 두었는지 기억나지 않는 것이라면 좋겠는데, 어젯밤 집 안에 가지고 들어오지 않았을 가능성도 부정할 수 없다면 참 섬뜩한 이야기이다.

이럴 때 힘을 발휘하는 것이 모바일 미의 아이폰 찾기 기능이다. 이 기능은 아이폰의 GPS 기능을 살려서 웹브라우저로 자신의 아이폰이 어디에 있는지를 조사하는 것이다. 모바일 미의 아이폰 찾기 페이지에서 나타나는 지도를 체크해보고 아이폰의 행방이 집 근처라면 일단 아이폰은 집 안에 있다고 생각해도 좋다. 하지만 우리나라에서는 지도에서 찾는 방법은 이용할 수 없다. 현재 법으로 위치 추적이 제한되어 있다고 한다.

만일 아이폰을 잃어버렸다는 생각이 들면 **원격 조작으로 아이폰을 암호로 잠그고, 화면상에 [이 아이폰을 찾고 있으니 연락 바랍니다.]라는 메시지를 띄우고, 경보음을 울릴 수도 있다. 최악의 경우에는 아이폰 내의 데이터를 일괄 삭제해서 정보 유출을 막을 수도 있다.**

여기서는 모바일 미 안에 있는 아이폰 찾기 기능의 사용법에 대해 알아본다.

 ## 나의 아이폰 제어하기

아이폰을 잃어버린 경우 원격으로 제어하려면 미리 아이폰에는 설정에서 모바일 계정을 추가하고 [아이폰 찾기] 앱을 설치한다. 컴퓨터에서는 모바일 미에서 로그인을 해야 아이폰을 원격으로 제어할 수 있다. 약간 과정이 길므로 그대로 따라해보자.

01 홈 화면에서 [설정]을 실행한 다음 [설정] 화면이 표시되면 [Mail, 연락처, 캘린더]를 터치한다.

02 [Mail, 연락처, 캘린더] 화면이 표시되면 [계정 추가...]를 터치한다.

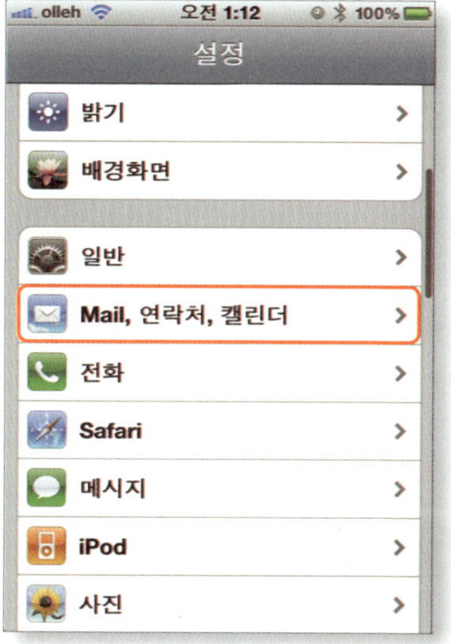

03 [계정 추가...] 화면이 표시되면 [mobileme]를 터치한다.

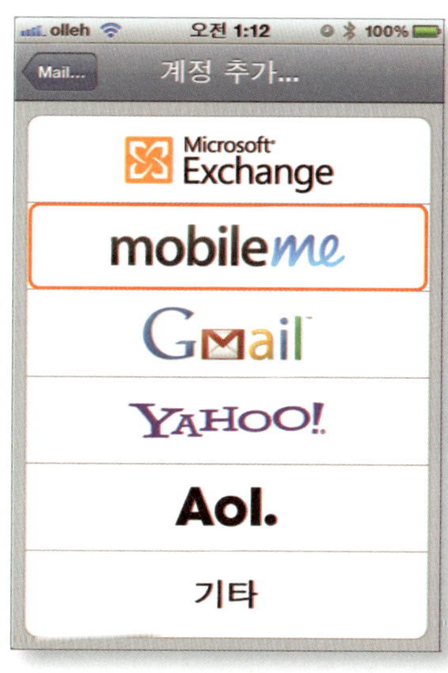

04 [MobileMe] 화면이 표시되면 아이튠즈 계정으로 등록한 애플 ID와 암호를 입력하고 다음 을 터치한다.

05 [새로운 Apple ID] 화면이 표시되면 화면을 아래쪽으로 밀어 화면 아래 오른쪽에 있는 동의 를 터치한다.

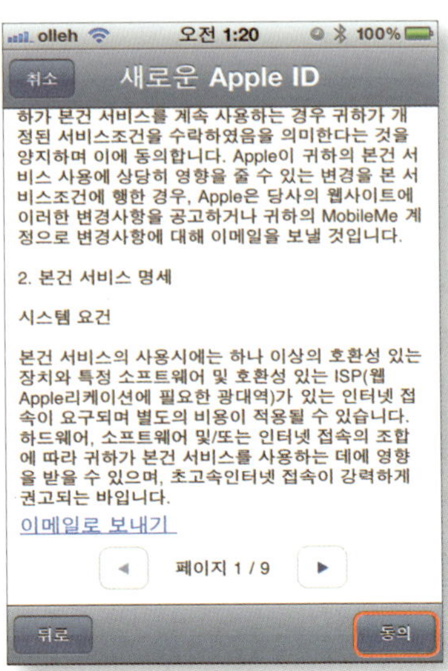

06 [서비스 약관] 화면이 표시되면 [동의]를 터치한다.

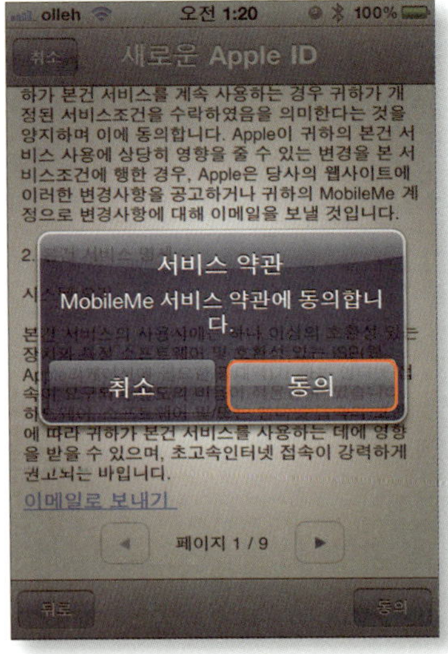

07 [사용자 계정 확인] 화면이 표시되면 [승인]을 터치한다. 화면의 메시지처럼 자신의 메일을 확인해야 한다.

08 [Mail, 연락처, 캘린더] 화면이 표시
된다. [Mobile Me]를 보면 [확인되지 않음]이라
고 표시된다. 이것을 활성화하기 위한 작업을
해야 한다.

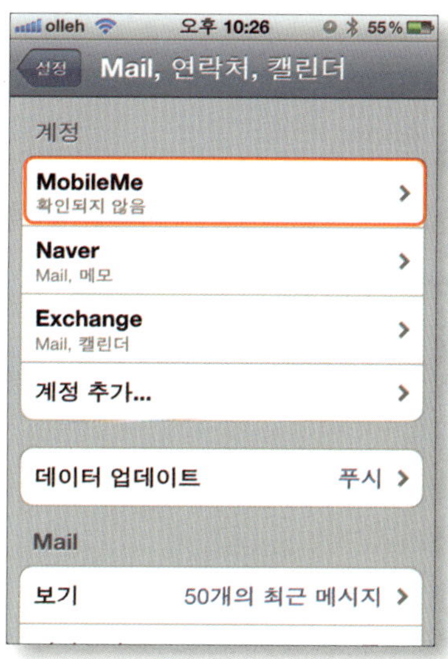

09 앞서 모바일 미로 등록한 Gmail 계정으로 가서 Apple에서 보내온 메일을 연다. 다음과
같은 내용의 메일이 보이면 [지금 확인하십시오]를 클릭하여 메일을 확인한다.

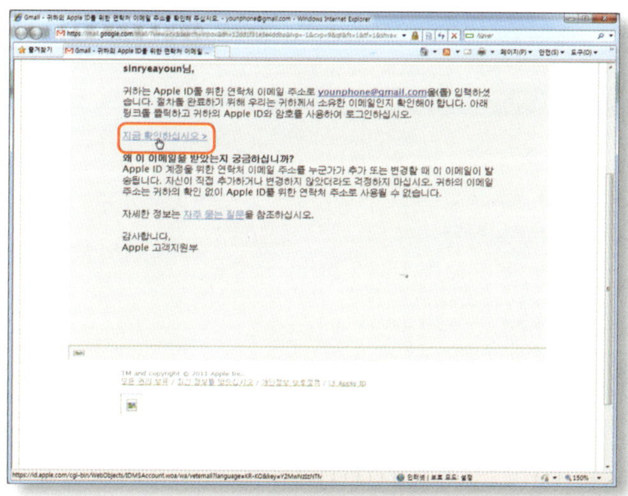

10 [내 Apple ID] 창이 나타나면 앞에서 [Mobile Me] 계정으로 설정한 이메일 주소와 비밀번호를 입력하고 [주소 확인] 단추를 클릭한다.

11 이메일 주소가 확인되었다는 화면이 표시되었다.

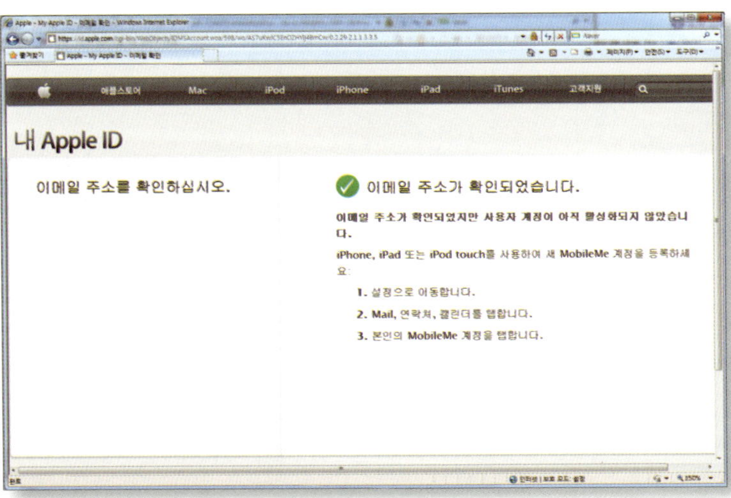

12 이제 다시 아이폰의 다음 화면에서 [Mobile Me]를 터치해보자.

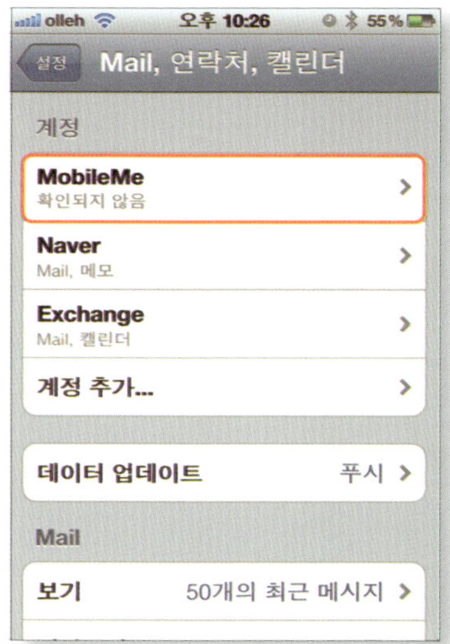

13 다음과 같은 화면이 표시되면 [승인]을 터치한다.

14 [확인되지 않음]이 나의 [iPhone 찾기]로 바뀌어 표시되었다. 이제 이 아이폰을 잃어버린 경우 원격으로 암호를 입력하는 등의 작업을 할 수 있다.

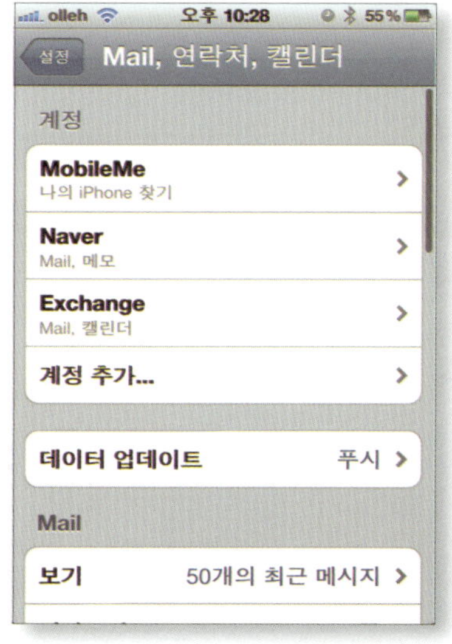

15 http://me.com 사이트에 접속하여 앞서 등록한 애플 사용자 아이디와 암호를 입력하고 [로그인]을 클릭한다.

16 [나의 iPhone 찾기] 사이트가 표시된다. 여기서는 이 사이트를 이용하여 아이폰을 원격 제어하겠다. 먼저 메시지를 보내기 위해 [메시지 표시 또는 사운드 재생...]을 클릭한다.

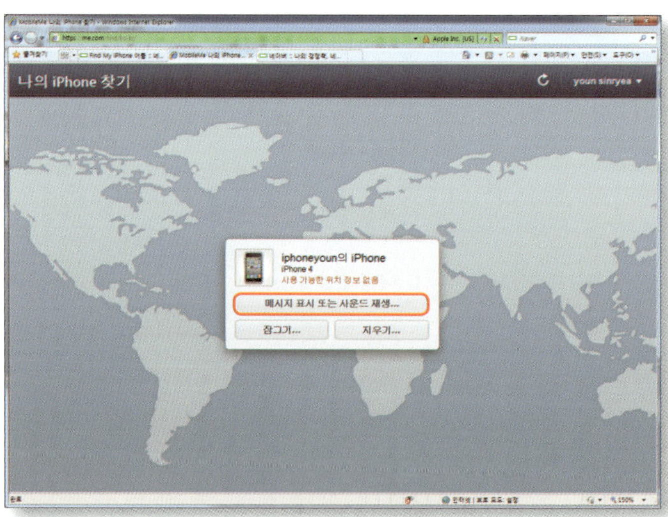

[메시지 표시] 화면이 표시되면 메시지 내용을 입력하고 [보내기] 단추를 클릭한다.

메시지가 전송되었다는 화면이 표시되면 [승인] 단추를 클릭한다.

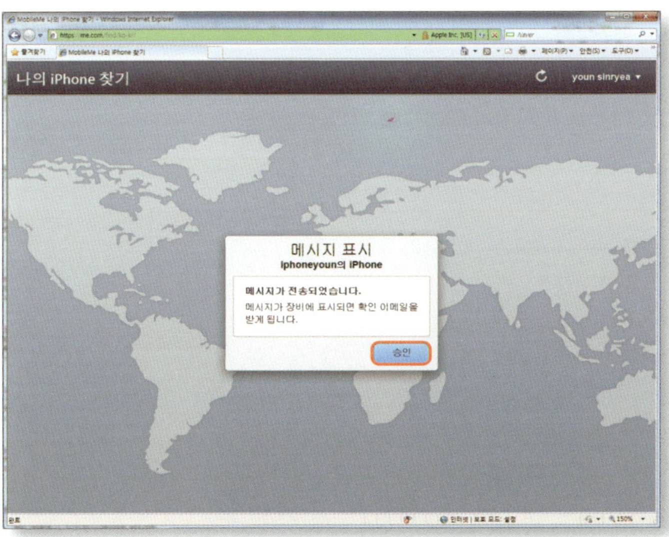

 잃어버린 핸드폰에는 다음과 같은 메시지가 표시된다. [밀어서 잠금 해제] 부분을 밀어 화면을 연다.

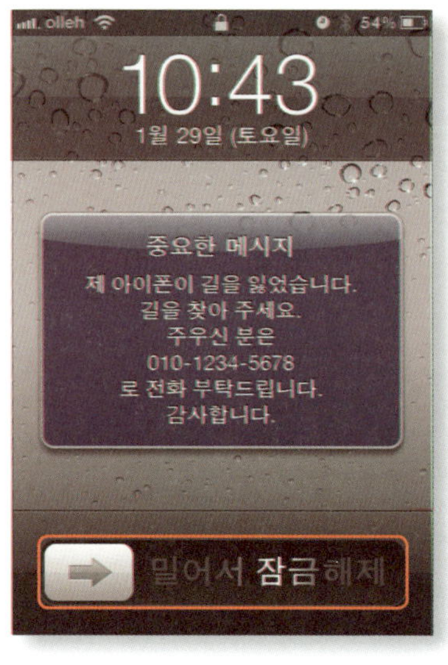

 [승인]을 터치하면 된다. 주운 사람은 이 메시지를 보고 연락을 취할 수 있다.

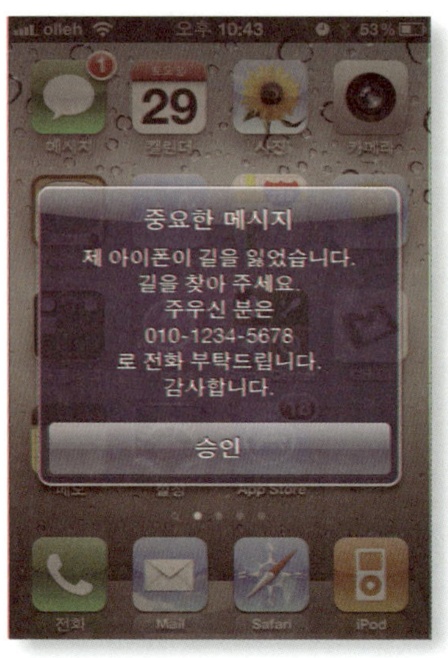

 이번에는 원격으로 자신의 아이폰에 암호를 설정하는 화면이다. [잠그기...]를 클릭하면 다음과 같이 [원격 잠그기] 화면이 표시된다. 암호를 입력하고 [다음] 단추를 클릭한다.

22　암호를 다시 입력하라는 화면이 표시되면 같은 암호를 다시 한 번 입력하고 [잠금] 단추를 클릭한다.

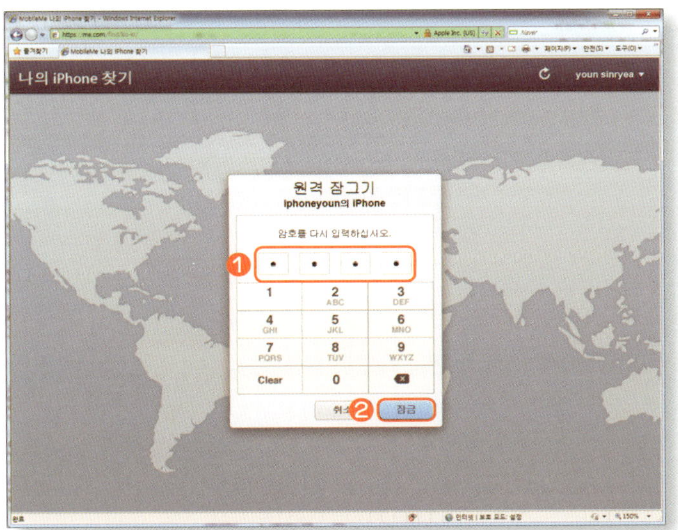

23　[원격 잠그기]가 되었다는 화면이 표시되면 [승인] 단추를 클릭한다. 이제 아이폰을 주운 사람이 아이폰을 이용하려고 하면 다음과 같이 암호를 입력하라는 화면이 표시된다. 나 이외의 사람이 아이폰을 마음대로 사용할 수 없다.

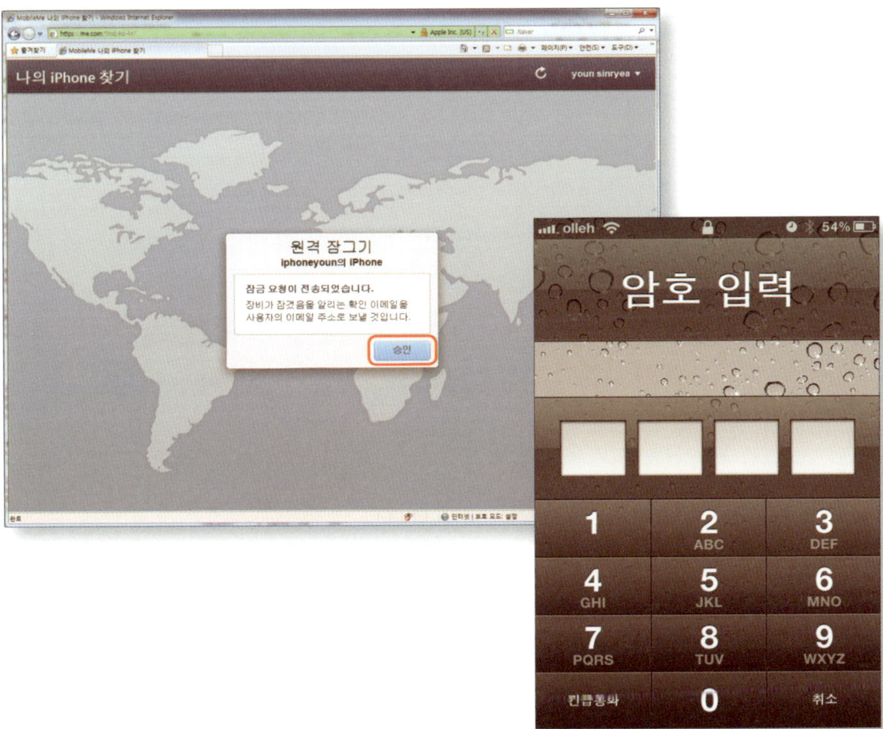

70 아이팟 터치, 아이패드가 아이폰을 대체할까?

아이폰 이야기를 하면 다음과 같이 말하는 사람이 있다.

"아이폰은 아이팟 터치에 휴대전화 기능만 더해진 것 아닌가?"

아이팟 터치(iPod touch)는 분명히 아이폰과 비슷하게 설계되었다. 디스플레이 크기도 같고 앱도 거의 똑같이 작동한다. 휴대전화망에 연결하는 기능은 없지만 무선 LAN 기능은 있으므로 통신도 가능하다.

아이폰은 휴대폰의 일종이므로 계약 기간을 설정해야 하고, 매달 일정 금액 이상의 기본료에 사용료 등을 내야 한다. 반면에 아이팟 터치는 단순한 가전제품이므로 구입만 하면 끝이다.

또 애플은 2010년 1월 아이폰의 크기를 키우고 성능도 높였으며 인터넷 기능과 전자책 기능을 강화한 아이패드(iPad)를 출시했다. 아이패드에는 무선 LAN 기능+휴대전화망에 연결하는 통신 기능을 탑재한 [Wi-Fi+3G모델]과, 무선 LAN 기능만 탑재한 [Wi-Fi 모델]이 있는데, 후자는 아이팟 터치와 마찬가지로 통신사업자와 계약할 필요 없이 가볍게 구입할 수 있다.

그런 이유로 '아이폰 대신 아이팟 터치나 아이패드를 갖고 싶다'라고 생각하는 사람이 나오는 것은 당연하다.

하지만 필자는 아이폰은 아이폰일 뿐, 다른 물건으로 대체될 수 없다고 대답하고 싶다. 그 이유는 아이폰은 휴대폰이기 때문이다. 아이폰은 휴대폰 전파만 있으면 언제 어디서라도 통신을 할 수 있다. 반대로 한정된 장소에서밖에 통신을 할 수 없다면 아이폰의 정수를 맛볼 수 없다. 메일이 도착하면 알려주는 푸시 기능은 아이폰만의 특징적인 기능이다. 게다가 아이패드와 달리 주머니에 가볍게 들어간다. 정보 도구로서 아이폰의 맛깔스러움은 어느 곳에 있더라도 따끈따끈한 최신 정보를 주머니에서 슬그머니 끄집어내서 사용할 수 있다는 점이다.

아이폰과 아이패드의 크기는 확연히 다르다. 아이패드는 모바일 PC 쪽에 가깝다고 할 수
있다.

직장인의 능력을 2배 업그레이드하는 스마트폰

아이폰 업무활용기술 70

1판 1쇄 발행 | 2011년 7월 20일

지은이 | 니시다 무네치카
옮긴이 | 이용택
감수자 | 윤신례
펴낸이 | 정연미
펴낸곳 | 에듀멘토르

마케팅 | 이운섭 나길훈
경영지원 | 박은정

등록 | 2011년 3월 16일 제2009-16호
주소 | 서울시 마포구 서교동 366-10번지 창원빌딩 3층
전화 | 02-711-0911 팩스 | 02-711-0920

ISBN | 978-89-94127-52-1 (13320)

내용문의 | edumentors@naver.com

* 책값은 뒤표지에 있습니다.
* 잘못된 책은 구입한 서점에서 바꿔드립니다.
* 이 책에 실린 모든 내용, 디자인, 이미지, 편집 구성의 저작권은
  에듀멘토르 출판사와 저자에게 있습니다.